KB203786

비전의 사람

믿음이란
한 알의 밀알이 땅에 떨어져 죽음으로 많은 열매를 맺음과 같이
진리의 열매를 위하여 스스로 죽는 것을 뜻합니다.
눈으로 볼 수는 없으나 영원히 살아 있는 진리와
목숨을 맞바꾸는 자들을 우리는 믿는 이라고 부릅니다.
「믿음의 글들」은 평생, 혹은 가장 귀한 순간에
진리를 위하여 죽거나 죽기를 결단하는
참 믿는 이들의, 참 믿는 이들을 위한, 참 믿음의 글들입니다.

비전의
사람

이재철 지음

홍성사

편집자의 말

이 원고는 당초 2000년 3월 29일부터 31일까지 사흘간 "섬김과 봉사"라는 주제로 진행된 장신대 신학대학원 신앙사경회 주제설교에서 잉태되었다. 그 주제설교는 2001년 2월에 두 시간 분량의 테이프 5개에 담겨 메시지북 《비전의 사람》으로 출간되었고, 출간 당시 목회자와 신학생은 물론 평신도들에게까지 큰 반향을 불러일으켰다.

메시지북 출간 이후 거듭 단행본으로 출간해 달라는 독자들의 요청이 줄을 이었으나, '말의 원고'와 '글의 원고'를 엄격히 구분하여 설교 원고를 책으로 낼 경우 반드시 재집필을 원칙으로 삼고 있는 저자에게 물리적 여유가 주어지지 않아 단행본 출간은 요원해 보였다.

그러다 출판사의 거듭된 단행본 재집필 요청에 따라, 저자는 저작권료(인세)를 받지 않는 대신 그만큼의 정가를 낮추어 목회의 후배와 젊은 신학도들 및 독자에게 혜택이 돌아가게 해 달라는 부탁과 함께 재집필에 들어갔다. 본디 말과 글은 그것을 담아내는 기록매체(테이프-종이)와 표현양식(음성-문자)을 달리하므로, 단행본 《비전의 사람》은 저자가 두 달여 동안 '글의 원고'로 문장과 표현을 다듬고 다시 쓰는(rewriting) 과정을 거쳐 나오게 되었다.

책에 나오는 시점("현재" "지금" 등)은 저자가 총회파송 선교사로 제네바 한인교회에서 목회하고 있던 시기이므로, 이 점을 염두에 두고 읽어 주시기를 바란다. - 편집장 옥명호

비전의
사람

차 례

1
눈먼 사람

사울이 주의 제자들을 대하여 여전히 위협과 살기가 등등하여 대제사장에
게 가서 다메섹 여러 회당에 갈 공문을 청하니 이는 만일 그 도를 좇는 사
람을 만나면 무론남녀하고 결박하여 예루살렘으로 잡아 오려 함이라 사울
이 행하여 다메섹에 가까이 가더니 홀연히 하늘로서 빛이 저를 둘러 비추
는지라 땅에 엎드려져 들으매 소리 있어 가라사대 사울아 사울아 네가 어
찌하여 나를 핍박하느냐 하시거늘 대답하되 주여 뉘시오니이까 가라사대
나는 네가 핍박하는 예수라 네가 일어나 성으로 들어가라 행할 것을 네게
이를 자가 있느니라 하시니 같이 가던 사람들은 소리만 듣고 아무도 보지
못하여 말을 못 하고 섰더라 사울이 땅에서 일어나 눈은 떴으나 아무것도
보지 못하고 사람의 손에 끌려 다메섹으로 들어가서 사흘 동안을 보지 못
하고 식음을 전폐하니라 사도행전 9:1-9

현존하는 미래

어느 시대 어느 나라를 막론하고 청년과 젊은이의 중요성은 항상 강조됩니다. 이유는 한 가지입니다. 젊은이와 청년은 '현존하는 미래'이기 때문입니다. 젊은이는 미래를 책임질 사람이라는 의미에서, 미래는 언제나 젊은이 속에 현재형으로 존재하고 있습니다. 미래를 생각하는 사회일수록 젊은이의 중요성을 더욱 강조하는 이유가 여기에 있습니다. 스위스 제네바 한인교회를 섬기고 있는 제가 주중에 한국을 다녀가려면, 며칠 사이에 밤낮이 두 번 바뀌게 됩니다. 말 그대로 강행군입니다. 그럼에도 제가 여러분을 만나기 위해 귀국한 까닭은 간단합니다. 이 땅의 젊은이인 여러분은 현존하는 미래이기에, 교회를 사랑하는 주님의 종으로서 한국 교회의 미래를 위한 제 나름대로의 섬김과 봉사를 다하기 위함입니다.

그러나 한 가지 간과해서는 안 될 사실이 있습니다. 언제 어디서나 젊은이는 항상 있어 왔다는 것입니다. 지금 이 시대를 살고 있는 여러분만 유사 이래 유일한 청년이요 젊은이인 것은 아닙니다. 멀리 갈 것도 없이 해방 이후를 살펴보십시다. 대한민국 건국과 더불어 얼마나 많은 젊은이들이 공직으로 진출했습니까? 해방된 조국을 위해, 한국 전쟁으로 폐허가 된 조국의 부흥을 위해, 이 땅의 수많은 엘리트들이 고시를 거쳐 공직자가 되었습니다. 그러나 날이 갈수록 우리 사회는 부패해지기만 했고, 급기야 지금은 온 나라가 총체적으로 부패해 있습니다. 어느 부분 하나 부패하지 않은 곳이 없습니다. 분명 이 땅에 젊은이가 없던 적이 없었고, 숱한 젊은이들이 나라와 민족을 위해 봉사하겠다고 나섰음에도 왜 우리 사회는 이렇듯 부패 일변도(一邊倒)입니까? 젊은이들이 현존하는 미래로서의 자신들을 바르게 가꾸지 못했기 때문입니다. 다시 말해 현존하는 미래로서, 막상 다가올 미래를 제대로 대비하지 못했기 때문입니다.

교회 역시 마찬가지입니다. 20세기 초 이 땅에 신학교가 세워진 뒤, 지금까지 신학도가 없던 적이 한 번도 없었습니다. 신학교마다 열정에 사로잡힌 젊은이들로 항상 가득 차 있었습니다. 그러나 오늘날 한국 교회의 실상은 어떻습니까? 물량주의, 기복주의, 세속주의, 심각한 분열과 대립 및 반목 등, 이루 헤아릴 수 없는 문제들이 한국 교회 안에 고스란히 담겨 있습니다. 시대마다 신학도들은 언제나 넘쳐나고 있었건만, 한국 교회는 왜 이처럼 문제의 도가니 속에 빠져 있는 것입니까? 신학교를 거쳐 간 그 숱한 청년들이 현존하는 미래로서 자신들의 삶에 대한 책임을 다하지 못한 탓입니다.

사회가 병들고 어지러울수록 청년의 중요성은 더없이 강조됩니다. 역사와 시대가 새로워지기를 바랄수록 사람들은 젊은이에게 더 큰 기대를 겁니다. 중요한 사실은 그처럼 청년에 대한 기대치가 높을 수밖에 없는 병든 사회일수록, 그 속에 살고 있는 청년들이 자신들을 둘러싸고 있는 사회적 병리에서 벗어나기란 더욱 어렵다는 것입니다. 청년들이 사회를 이끌어 나갈 주체가 되었을 즈음엔, 그들이 이미 사회의 모든 병리 현상에 익숙해져 있게 됩니다. 그래서 사회를 새롭게 하지 못하는 것은 말할 것도 없고, 도리어 새로운 사회 부조리의 공범 혹은 주범으로 살아가게 됩니다. 이것이 조금도 가감 없는 역사의 교훈이요, 현실입니다.

우리 주위에는 저것이 과연 교회인가, 혹은 기업인가, 아니면 굿하는 사당인가, 이런 질문을 제기하지 않을 수 없을 정도로 부정적인 모습의 교회들이 있습니다. 저분이 과연 목사인가, 기업의 총수인가, 혹은 무당인가? 이렇듯 우리를 혼란스럽게 하는 목회자들도 많습니다. 문제는 그분들 역시 신학교 학생일 때는, 모두 순수한 열정을 지닌 기독청년들이었다는 사실입니다. 그러므로 사회와 교회가 병들어 있을수록, 청년들이 그 병든 사회와 교회의 조류를 극복하기란 그만큼 더 어려움을 절감하게 됩니다. 문제가 많을수록 문제투성이인 사회와 교회의 틀을 뛰어넘어 사고하기가 쉽지 않다는 말입니다. 그래서 자신도 모르게 모든 부조리에 날로 물들어 가다가, 마침내는 자신의 유익을 위해 적극적으로 부조리를 조장하는 장본인이 되고 맙니다.

고등종교의 타락증세

종교학은 고등종교와 하등종교를 구별하는 분기점을 자기부인(自己否認)으로 삼고 있습니다. 이를테면 해당 종교에 자기부인이 있으면 고등종교, 없으면 하등종교로 분류됩니다. 물론 굿하는 무당도 자기부인을 하기는 합니다. 굿을 앞둔 무당은 자신을 정결케 하기 위해 부부관계를 갖지 않습니다. 스스로 부정하다고 여기는 것은 절대 만지지도 않습니다. 그러나 무당이 행하는 그런 유의 자기부인이란, 실은 또 다른 욕망의 성취를 위한 수단에 지나지 않습니다. 그런 의미에서 그것은 자기부인이 아니라 변형된 자기 강화일 따름입니다.

종교학에서 말하는 자기부인이란, 영원한 가치를 위한 자기 욕망의 부인입니다. 어떤 종교가 표방하는 영원한 가치를 위해 인간의 욕망이 부인되어야 한다면, 그 종교는 고등종교로 간주됩니다. 그러나 자기부인처럼 보이지만 단지 자기 욕망의 성취를 위한 것이라면, 그 종교의 형태에 상관없이 그것은 하등종교에 지나지 않습니다. 이슬람교에는 이슬람교가 추구하는 영원한 가치를 위한 자기부인이 있습니다. 불교와 기독교에도 있습니다. 그래서 종교학은 이 세 종교를 모두 고등종교로 분류합니다.

그런데 고등종교가 타락하게 되면, 모든 고등종교 타락에 예외 없이 나타나는 공통적인 현상이 있습니다.

첫째, 고등종교의 타락은 성직자의 급증을 초래합니다. 고려 말 불교가 타락했을 때, 온 고려 땅이 스님 천지였음은 이미 잘 알려진 역사적 사실입니다. 티베트 라마불교의 타락 시엔, 티베트 남자의 70퍼센트가 승려였습니다. 1979년 회교혁명으로 팔레비 왕조를 몰아낸 회교 최고 성직자 호메이니는 스스로 이란 제1의 권력자가 되었고, 그 이후 이란은 회교 성직자들의 세상이 되었습니다. 가톨릭이 부패했을 때에도 유럽 대륙에 신부들이 넘쳐났음은 두말할 나위가 없습니다.

이처럼 고등종교 타락의 첫 번째 현상이 성직자의 급증으로 나타나는 이유가 대체 무엇이겠습니까? 그것은 너무나도 간단합니다. 그 종교에 자기부인이 없어졌기 때문입니다. 영원한 가치를 위해 자기부인의 삶을 살아간다는 것은 말처럼 쉬운 일은 아닙니다. 그것은 모든 사람 앞에서, 모든 사람의 본으로 살아가는 구도의 삶입니다. 따라서 자기부인이 정당하게 요구되고, 또 바르게 행해지고 있는 종교라면 성직자가 급증할 리가 없습니다. 그럼에도 어느 종교의 성직자가 갑자기 급증한다면 그 종교에 자기부인은 이미 실종되었고, 성직 자체가 모든 사람이 탐내는 세속적 직업으로 타락했다는 증거입니다.

프랑스 작가 스탕달의 소설 《적과 흑》의 주제가 바로 이것입니다. 1830년대 프랑스를 비롯한 유럽 청년들은 적과 흑을 놓고 고민했습니다. 적(赤)은 군인의 군복을, 흑(黑)은 가톨릭 신부복과 법복을 상징합니다. 당시 유럽 청년 엘리트들은 자신들의 욕구를 성취하기에 가톨릭 사제와 판사 중 어느 쪽이 더 유리한지 저울질하였습니다. 가톨릭 사제가 되어서도 얼마든지 권력을 휘두르고 축재와 축첩이 가능했기 때문입니다. 따라서 자기부인과는 전혀 무관한 사제의 수가 늘어날 수밖에 없었습니다. 전형적인 고등종교 타락의 현상이었습니다.

고등종교 타락의 두 번째 현상은 종교기관의 급증입니다. 갑자기 늘어난 성직자들이 모두 먹고살기 위해서는 그들이 일할 수 있는 종교기관이 늘어날 수밖에 없습니다. 지금 유럽 교회는 대부분 빈집과 같습니다. 현재 제가 거주하고 있는 제네바도 마찬가지입니다. 동네마다 예배당 없는 곳이 없지만 예배에 출석하는 교인은 손꼽을 정도입니다. 그렇다고 교회가 문을 닫는 경우는 매우 드뭅니다. 성직자들이 먹고살아야 하기 때문입니다. 제네바 한인교회가 세 들어 예배드리는 오비브교회는 주일 평균 20여 명의 교인이 출석합니다. 특별한 절기인 경우, 아무리 많이 나와도 30명을 넘지 않습니다. 그런데 그 교회에 유급 목사 두 명, 유급 전도사 한 명, 신학을 전공한 유급비서 한 명이 있습니다. 그 작은 교회를 터전으로 성직자와 신학교 졸업생 네 명이 먹고삽니다.

고등종교가 타락할 때 나타나는 세 번째 현상은 신앙의 기복화입니다. 신앙이란 절대자인 신 앞에서 인간이 변화되어 가는 것입니다. 반면에 미신은, 인간이 자신의 목적을 성취하기 위해 자기 소유나 달란트로 신을 달래고 얼러 신을 변화시키려는 것입니다. 따라서 자기 변화 없이 자기 욕망을 위해 신을 변화시키려고만 한다면 그가 설령 고등종교에 속한 자라 할지라도, 그는 자신의 신앙을 미신과 대체한 자요, 그런 자를 가리켜 기복주의자라 부릅니다.

　그렇다면 고등종교의 타락이 수반하는 세 번째 현상이 왜 신앙의 기복화이겠습니까? 고등종교가 타락하면 성직자가 급증하고, 급증한 성직자가 모두 먹고살기 위해서는 종교기관이 급증하지 않을 수 없다고 했습니다. 물론 그들 생계의 원천은 교인이 부담하는 헌금입니다. 그러므로 각 성직자가 먹고살기 위해서는, 자신이 뜻하는 종교적 업적을 이루기 위해서는, 어떤 경우에든 자신이 몸담고 있는 종교기관에 속한 교인들이 떨어져 나가서는 안 됩니다. 어떻게 해서든 자기에게 묶어 두어야 합니다. 이를테면 모든 종교기관이 서로 교인들을 자기에게 붙잡아 두기 위한 경쟁관계가 됩니다. 이런 상황에서 어쩔 수 없이 신앙은 미신과 대체, 기복주의로 흐르게 마련입니다. 교인들을 붙들어 두기 위해서는 교인들에게 필요한 바른 진리의 말씀보다는, 교인들의 구미와 욕구에 부합하는 말을 할 수밖에 없습니다. 자기 종교가 추구하는 영원한 가치를 단순한 복과 저주의 저차원으로, 성직자 자신의 손으로 끌어내리는 것입니다.

심오한 철학적 사고로 한국인의 정서와 인격에 지대한 영향을 미쳤던 불교가 고려 시대에 타락, 기복주의로 흐르면서 사당화되었습니다. 그 결과 오늘날에도, 불교의 본질과 아무 관련 없는 점쟁이나 무당 집까지 불상(佛像)을 모셔 두고 있습니다. 이제 불상하면, 점쟁이나 무당집의 불상을 먼저 연상할 정도입니다.

유럽 각국은 오랫동안 기독교(가톨릭과 개신교)가 국교였음에도, 자기 유익과 욕망을 위해서는 칼을 휘두르며 무자비하게 서로를 죽였습니다. 역사적으로 칼의 힘을 의지하고 살던 동네일수록 공통점이 있습니다. 집집마다 예수 상과 성모 마리아 상을 부적처럼 모시고 있다는 것입니다. 대문 위는 물론이요, 각 방에도 예외 없이 성상을 모시고 있습니다. 자기 마음에 들지 않는 자는 가차없이 칼로 목을 치면서도, 자신과 자기 가족만은 잘살기 위해 예수 상을 모시고 살았습니다. 철저한 신앙의 기복화입니다. 그런 곳에 진리가 머물 리가 없습니다.

고등종교 타락의 마지막 현상은 해당 종교의 이해집단화입니다. 본래 표방하던 영원한 가치는 아랑곳없이, 종교 자체가 하나의 거대한 이해집단으로 변질되는 것입니다. 중세 가톨릭이 그랬습니다. 세상의 권력을 휘두르며 왕을 파문시킬 때, 베드로성당 건축을 위해 면죄부를 거리낌 없이 판매할 때, 거기엔 더 이상 진리가 없었습니다. 단지 공룡 같은 이해집단이 있었을 뿐입니다. 팔레비 축출에 성공한 호메이니는 명실 공히 이란의 삼권을 장악했습니다. 그의 주도 아래

제정된 현행 헌법은 성직자에 대한 비방을 원천적으로 금지하고 있습니다. 심지어 모든 경찰조직과 정보기관조직이 성직자위원회의 관할입니다. 성직자집단에 조금이라도 해가 되는 사람이나 단체를 발본색원하기 위함입니다. 그와 같은 이슬람교는 더 이상 마호메트가 주창한 이슬람교가 아니요, 추악한 이해집단에 불과할 따름입니다.

한국 교회의 타락현상

이상과 같은 고등종교 타락의 현상으로 오늘날 한국 교회의 실상을 진단해 봅시다.

고등종교가 타락하면 가장 먼저 성직자가 급증한다고 했습니다. 현재 국내 각종 신학교에 다니고 있는 신학생 총수는, 대한민국을 제외한 세계 모든 나라 신학생 수보다 더 많다는 통계를 본 적이 있습니다. 미국에 있는 대형 한인교회 역시 저마다 신학교를 운영, 미국 현지에서 배출되는 한인신학생의 수 또한 엄청납니다. 뿐만 아니라 미국과 캐나다 현지의 웬만한 신학교마다 한국인이 다수를 점하고 있습니다.

프랑스 남부 도시 엑상프로방스에는 잘 알려진 개신교 신학교가 있습니다. 그 신학교는 대학원생을 포함하여 전교생이 40명에 지나지 않습니다. 제네바 대학 신학부엔 지원자가 단 한 명도 없는 해도 있었습니다. 그나마 유럽의 일부 대학 신학부는 한국 학생들로 명맥을 유지하고 있습니다. 남미에서는 성직자 지망생이 없어 그곳 가톨릭교회는 "하나님은 당신을 부르십니다"라는 포스터를 시내 곳곳에 부착, 어렵사리 지원자를 모집하고 있습니다.

그러나 국내외를 막론하고 한국인은 예외입니다. 어딜 가나 신학생들로 넘쳐나고 있습니다. 이것이 하나님의 은혜인지, 아니면 타락한 고등종교에서 나타나는 한국 교회 타락의 증거인지, 이미 목사가 되었거나 앞으로 되기 원하는 우리 모두 정직하게 자문해 보아야 합니다. 홍수가 나면 사방이 물 천지가 됩니다. 문자 그대로 물난리입니다. 앞에도 물이요, 뒤에도 물이요, 옆에도 물입니다. 그러나 이처럼 홍수로 사방이 물 천지가 되면 정작 마실 물이 없어집니다. 대한민국 사방이 교회요, 가는 곳마다 목사와 신학생 천지건만 막상 교인들은 믿고 존경할 목사님이 없다고, 다닐 교회가 없다고 한탄하고 있습니다. 이것은 대체 무엇을 의미하는 것입니까?

고등종교 타락의 두 번째 현상은 종교기관의 급증이라고 했습니다. 이 관점으로 본 한국 교회의 실태는 어떻습니까? 한국 교회의 역사는 한마디로 중단 없는 분열의 역사였습니다. 이것은 수요와 공급의 원칙상 당연한 결과입니다. 목회자가 급증한 만큼 그들이 일할 교회의 수 역시 늘어날 수밖에 없습니다. 목회자의 수요와 공급이 맞아떨어지기까지, 앞으로도 교회는 어떤 명분으로든 끊임없이 분열할 것입니다.

미국을 여행하면서, 북미 대륙 서부지역에만 무임(無任) 한인목사가 2,500명에 달한다는 기사를 읽은 적이 있습니다. 그 많은 목사님들이 모두 그 지역을 떠나지 않는 한, 그곳 한인교회 역시 계속 분열하지 않을 수 없을 것입니다. 교회가 분열해야 그들 모두 일할 자리가 창출되기 때문입니다. 유럽에 한인이 600여 명 사는 도시가 있습니다. 그 도시에 한인교회가 세 개 있습니다. 한 교회 교인은 20명, 다른 두 교회 교인은 각 30명입니다. 세 교회를 다 합쳐도 교인 수가 80명밖에 되지 않습니다. 그 정도의 교인이라면 한 교회면 충분합니다. 그러나 세 교회가 몇 차례 통합을 논의했지만 실패하고 말았습니다. 앞으로도 합쳐지지 않을 것입니다. 목사님이 세 분이기 때문입니다. 그분들 중 누군가가 그 도시를 떠나면 모를까 모두 그곳에 사는 한 교회 통합은 불가능할 것입니다.

외국에는 거주 한인 수가 적을 경우, 하나의 한인교회가 아름답게 주님을 섬기는 도시들이 있습니다. 그러나 그곳에 또 다른 한인목사가 한 명이라도 들어가 살면, 얼마 지나지 않아 거의 교회가 쪼개어지는 것이 우리의 현실입니다.

고등종교 타락의 세 번째 현상은 신앙의 기복화라고 했습니다. 한국 교회는 전 국민의 25퍼센트가 기독교인임을 오래전부터 자랑해 왔습니다. 일단 국민 네 명 중 한 명은 기독교인인 셈입니다. 그러나 우리 사회의 부패와 악은 날이 갈수록 그 도를 더해 가고 있습니다. 전 국민의 4분의 1에 해당하는 기독교인들이 주님의 말씀을 좇아 살았다면 우리 사회는 몇 번이나 새로워졌을 텐데도 말입니다. 이것만으로도 한국 크리스천들의 신앙이 얼마나 기복적이며, 하나님의 공의와 진리에서 얼마나 동떨어져 있는지 여실히 입증되고 있습니다.

수차례에 걸친 한국 방문을 통해 한국 교회를 잘 알고 있는 유럽의 한 목사님이 한국 교회에 대한 자신의 의견을 피력하면서, 한국 크리스천들은 세 가지밖에 모르는 것 같다고 했습니다. 첫째는 하나님, 둘째는 자기 자신, 셋째는 돈이라는 것입니다. 참으로 적확한 지적입니다. 한국 크리스천은 세계 어느 민족보다 하나님을 열심히 섬깁니다. 얼마나 열심인지, 새벽부터 교회를 찾아 기도하고 찬송하는 민족은 전 세계에서 한국 크리스천이 유일합니다. 그러나 한국 크리스천은 지극히 이기적입니다. 자신과 자기 가족 외에는 안중에 없습니다. 최선을 다해 타인을 섬기다가도 그가 자신이 생각하던 것과 다른 사람이라고 여겨지는 순간, 상대가 목사든 장로든 집사든 상관없이 단숨에 등을 돌려 버립니다. 자기만 중요하기 때문입니다. 그리고 돈을 섬깁니다. 돈 앞에서는 주님의 말씀마저 무용지물로 던져 버리고 맙니다. 진리이신 하나님을 믿는다는 사람들이 돈을 위해 거짓과 불의를 불사하는 것입니다.

그렇다면 크리스천과 무당을 찾아 굿을 하는 사람 사이에 과연 무슨 차이가 있겠습니까? 무당을 찾는 사람 역시 아는 것이라곤 이 세 가지밖에 없습니다. 무당을 지배하고 있는 귀신, 그 귀신을 달래고 얼러 자기 뜻을 성사시키려는 자기 자신, 그리고 자기 욕구가 갈망하는 돈, 이 세 가지가 전부입니다.

국내의 대표적인 대형 교회가 서울 여러 지역에 지성전을 세웠습니다. 그런데 강남 지성전에 속한 교인들 중에서 영적으로 각성하는 사람들이 생겨나기 시작했습니다. '기껏 나의 소원성취를 추구하는 것이 주님께서 요구하시는 신앙일 수는 없구나. 참된 신앙이란 나 자신을 뛰어넘는 것이구나!' 이런 의식이 확산되면서 자신의 영적 성숙을 꾀할 수 있는 교회로 옮겨 가는 교인의 수가 늘어났습니다. 이에 그 교회 담임목사님이 위기감을 느꼈는지 구역장과 권찰 전원을 모아 놓고 1일 수련회를 하였습니다. 그 자리에서 그분은, '교회를 옮기면 저주받는다, 누구는 교회를 옮기더니 그다음 날 아들이 교통사고로 죽었고, 누구는 남편이 부도나더라' 라고 설교하였습니다. 신앙을 철저하게 개인의 입신영달과 부귀영화를 위한 저급한 무속으로, 하나님의 대언자란 목사님 자신이 자발하여 격하시킨 것입니다.

제가 주님의교회를 섬길 때 교회에서 상담전화를 운영하였습니다. 처음에는 주님의교회 교인들을 위해 개설하였는데, 소문이 나면서 전국 각지에서 전화가 왔습니다. 상담요원들이 대답하기 어려운 질문을 받으면 저를 바꿔 주었는데, 그중에는 목회자와 관련된 내용이 가장 많았습니다. 자신이 다니는 교회 목회자의 불륜, 금전과 관련된 불미스러운 일, 비인격적 처신이나 거짓언행 등으로 인한 심적 고통과 갈등을 털어놓은 다음, 교회를 당장 옮기고 싶지만 저주받을까 두려워 어떻게 하면 좋을지를 묻는 내용이 대부분이었습니다. 문제가 많은 교회일수록 교회 옮기면 하나님의 저주를 받는다고 가르치기 때문이었습니다. 저는 그런 문제로 고민하는 분들께 주저 없이 대답해 드렸습니다.

"당장 교회를 옮기십시오. 목회자가 자기 교인을 저주하는 교회는 더 이상 교회가 아닙니다. 집 근처에 다니시기 가장 편한 교회를 찾아가십시오."

생각해 보십시오. 교회를 옮기면 저주받는다고 가르치는 기복적인 목사로부터 기복주의 무속신앙 외에 무엇을 배울 수 있겠습니까?

최근 신학교 졸업생 중에 사역지를 구하지 못한 이들이 많습니다. 공급과잉이기 때문입니다. 어느 교회든 교회의 부름을 받는 것만으로 감사해야 할 판입니다. 이런 판국에 자신이 섬기는 교회가 신앙을, 예수 그리스도의 말씀을, 십자가의 진리를 기복주의로 왜곡할 때, '그것은 하나님 말씀과 위배되지 않습니까?' 하고 과연 바른 말을 할 수 있겠습니까? 자칫하면 자신의 직장을 잃어버릴 텐데 말입니다. 결국 자신의 생계를 위해 머뭇거리는 사이, 어느새 자신도 똑같은 기복주의자로 전락하고 마는 것입니다.

고등종교 타락의 네 번째 현상은 해당 종교의 이해집단화라고 했습니다. 오늘날 한국 교회는 각 개교회마다 철저한 이해집단이 되어 있습니다. 저는 요즈음 제네바에서 밤에는 반드시 전화코드를 뽑아놓고 자야 합니다. 지구 반대쪽에서 시차를 고려하지 않고 다이얼을 돌리는 분들의 전화가 한밤중이나 새벽에 수시로 걸려 오는 까닭입니다. 전화목적은 대개 세 가지 정도입니다.

첫째는 집회요청입니다. 그런 전화는 시간이 없음을 밝혀 드리는 것으로 해결이 됩니다. 두 번째는 목회자 천거요청입니다. 담임목사를 모셔야 하는데 좋은 목회자를 소개해 달라는 것입니다. 이 요청 역시, 현재 제네바에 거하고 있는 저로서는 천거할 만한 목회자를 알지 못한다는 답변으로 넘어갈 수 있습니다. 세 번째는 담임목사 청빙 결정 통보입니다. 저를 담임목사로 청빙키로 교회가 결의하였으니 오라는 것입니다. 평소 저와 아는 사이라거나 사전 협의가 있어서가 아니라, 그냥 일방적으로 통보하는 것입니다. 문제는 그 청빙을 사양해도 포기하지 않는다는 것입니다. 당장 오라고 편지와 전화공세를 퍼붓는가 하면, 마치 제가 청빙을 수락한 것처럼 헛소문을 퍼트리기도 합니다. 저와 만난 적도 없는 분이, 제네바에서 저를 만났는데 제가 청빙에 응했다고 거짓말을 하기도 합니다. 정치집단에서나 있는 일이 교회에서 행해지고 있는 것입니다. 저는 3년간의 임기를 정해 놓고 제네바 한인교회를 섬기고 있습니다. 만약 제가 하루아침에 다른 교회로 옮겨 간다면 제네바 한인교회는 어떻게 되겠습니까? 그런데도 지금 당장 오라는 겁니다. 자기 교회를 위해서라면 조그마한 제네바 한인교회쯤은 아무래도 상관없다는 의미입니다. 개교회가 얼마나 이기적인 이해집단인지를 보여 주는 단적인 예입니다.

그런가 하면 개교회나 각 교단이 자기 집단의 유익이나 기득권을 위해 치열하게 경쟁하다가도 한국 교회 전체의 이해와 관련된 문제가 발행하면 모든 교회가 즉시 교단과 교파를 초월, 거대한 이해집단으로 한데 뭉칩니다.

세무당국이 교회의 재산에 대해 재산세를 부과하려 하거나 목회자의 갑근세납부를 언급하면, 한국 교회는 곧 한목소리가 되어 반대성명서를 발표합니다. 어김없는 이해집단의 모습입니다. 대한민국 헌법은 납세의 의무를 명시하고 있건만, 대한민국 국민으로서 그 기본적 의무를 거부하는 목회자가 대부분입니다. 현재 우리나라에서 성직자는 갑근세면제의 특혜를 누리고 있습니다. 그러나 참된 성직자라면 특혜를 누기기보다는 의무에 충실하기 위해 권리를 스스로 포기할 수 있어야 하지 않겠습니까? 몇 해 전 미국 국세청이 미국에서 영업활동하고 있는 100여 인종 중에서 탈세가 가장 심한 민족의 순위를 발표했는데, 수치스럽게도 1위가 한인이었습니다. 호주국세청 역시 자국으로 이민 온 외국인의 납세실적을 조사, 탈세 1위가 한인이라고 발표하였습니다. 아르헨티나, 브라질 등 남미에서도 예외는 아닙니다. 한국 교회와 목회자들이 스스로 세금을 납부하지 않고서는 국내외를 막론, 믿지 않는 한국인은 차치하고서도 크리스천의 탈세 행위는 절대로 근절되지 않을 것입니다. 세금납부를 거부하는 목사가 어떻게 교인들에게 탈세하지 말 것을 설교할 수 있겠으며, 또 성실한 납부를 가르칠 수 있겠습니까?

현재 우리나라 만원권 지폐에는 세종대왕의 초상화가 그려져 있습니다. 그러나 조폐공사가 처음 도안할 때는 세종대왕이 아니었습니다. 앞면은 석굴암 불상, 뒷면은 불국사였지만, 기독교의 심한 반발로 인하여 세종대왕으로 바뀐 것입니다. 지금 통용되고 있는 10원짜리 주화에는 다보탑이 양각되어 있습니다. 그 주화를 도안한 사람이나 조폐공사 관계자가 불교 신자여서가 아니라, 지금부터 천 년 전에 세워진 다보탑은 세계에 자랑할 우리 민족의 문화재이기 때문입니다. 어느 나라든 자기 나라가 자랑하는 인물이나 문화재를 자국 화폐에 새겨 넣습니다. 그럼에도 몇 년 전, 교회연합회가 10원짜리 주화에서 다보탑을 없애라는 성명서를 발표했습니다. 불응할 경우 전 교회적으로 서명운동을 벌이겠다면서 말입니다. 크리스천인 김영삼 대통령이 석탄일에 조계사에 대통령의 이름으로 연등을 달았다고 비난성명을 발표하기도 했습니다. 대통령은 크리스천만의 대통령이 아니라, 불교 신자와 무신론자의 대통령이기도 한데 말입니다. 이 얼마나 이기적인 이해집단입니까? 믿지 않는 사람들이 교회의 그런 모습을 대체 어떻게 보겠습니까? 과연 옷깃을 여미며 흠모할 만한 진리의 전으로 여기겠습니까? 아니면 한심한 이해집단으로 폄하하겠습니까?

고등종교 타락에 나타나는 네 가지 현상은, 이처럼 한국 교회의 현상과 그대로 들어맞습니다. 그렇다면 오늘날의 한국 교회는 한마디로, 철저하게 부패했습니다.

온 국민이 정치가 썩었다고 한탄하건만, 막상 정치인들은 자신들의 부패를 실감하지 못합니다. 국회의원을 존경하거나 신뢰하는 사람이 거의 없지만, 그래도 정치인들은 금배지를 유지하거나 획득하려 혈안이 되어 있습니다. 기업인이 정신 차려야 한다는 이야기가 도처에서 제기되고 있지만, 전국경제인연합회는 생각이 다릅니다. 교회와 목사도 이와 똑같습니다.

세상이 교회를 불신하고 있습니다. 심지어 교인마저 교회가 썩었다고 자탄합니다. 신학생도 탄식하기는 마찬가집니다. 그러나 어느 목사나 신학생도 자신의 문제로 받아들이려 하지는 않습니다. 모두 둔감합니다. 교회에서 봉급 받는 목사가 자신의 의무인 교인 집을 심방하면서 교인으로부터 개인적으로 심방사례비를 받는 나라가 우리나라입니다. 목사가 자기 교인 결혼식을 주례해 주고 돈을 받는 나라가 우리나라입니다. 목사가 자기 교인의 장례식을 집례하고 돈을 받는 나라도 우리나라입니다. 그래서 크리스천이 된 이후 관혼상제를 처음 치르는 초신자의 경우, 집례목사에게 얼마를 드려야 하는지 주위 사람에게 탐문하곤 합니다.

현재 아르헨티나에서 모범적으로 목회하고 있는 젊은 목사님의 이야기입니다. 그분이 서울 유명한 교회에서 전임사역을 막 시작했을 때의 일입니다. 어느 집사님 댁에서 첫 심방을 마치고 나오려는데, 집사님이 심방감사헌금이라며 손에 봉투를 쥐어 주었습니다. 그 봉투를 들고 집사님 댁을 나서는데 얼마나 부끄러웠던지, 얼굴이 화끈거렸습니다. 그로부터 약 6개월이 지나서였습니다. 어느 집으로 심방을 갔는데, 다른 집과는 달리 그 집에서는 끝내 봉투를 주지 않았습니다. 빈손으로 대문간을 나서는데 속에서 화가 치밀어 올랐습니다.

'저 사람 영 훈련이 안 되어 있군!'

그러나 그날 밤 목사님은 주님 앞에서 자기 자신이 한없이 부끄러웠습니다.

'내가 어쩌다 이렇게 되었는가? 어쩌다 이렇게 타락했단 말인가?'

그날 이후로 그분은 교회에서 받는 봉급 이외의 개인적인 봉투를 사양하였습니다.

문제가 많은 사회일수록 청년에게 거는 기대는 더 크게 마련입니다. 그러나 세월이 흘러 청년이 사회의 주력이 되어도 사회는 새로워지지 않습니다. 이슬에 옷 젖듯, 청년 역시 나이가 들어 가면서 자신도 모르게 온갖 부조리에 오염되어 버리기 때문입니다. 그래서 문제를 보고서도, 그것이 문제임을 인식조차 못하는 둔감한 인간이 되고 맙니다.

여러분은 어떻습니까? 한국 교회의 현존하는 미래로서, 여러분이 지금 신학을 공부하고 있다는 것만으로 한국 교회의 미래가 과연 새로워질 수 있겠습니까?

천재 목사가 없는 이유

한 가지 더 깊이 생각해야 할 것이 있습니다. 음악, 미술, 바둑, 수학, 과학 등 모든 분야에는 천재가 존재합니다. 모차르트는 다섯 살 때 작곡을 했고, 이창호 국수는 어릴 때부터 천재 기사였습니다. 과학 분야에는 세계적으로 십대, 이십대 박사가 수두룩합니다. 그러나 이제껏 나이 어린 천재를 배출한 적이 없는, 아니 앞으로도 절대 배출할 수 없는 분야가 있습니다. 바로 문학입니다. 세계 어느 나라를 막론하고 천재적인 십대 시인이나 십대 소설가는 없습니다. 도스토예프스키가 20대 중반부터 글을 쓰기 시작했지만, 그의 대표작인 《죄와 벌》《백치》《카라마조프의 형제》 등은 모두 40대 이후의 작품들입니다.

문학에 십대 천재가 있을 수 없는 이유가 무엇이겠습니까? 문학이란 인간과 인간의 삶을 다루는 영역이기에, 삶의 경험과 경륜 없이는 문학 자체가 불가능합니다. 머리가 뛰어난 십대가 삶의 경험 없이 시와 소설을 쓸 수는 있지만, 그것이 시간과 공간을 초월하는 문학작품이 될 수 없는 까닭이 여기에 있습니다.

목회도 삶의 경험이 결여된 천재를 용납하지 않습니다. 목회 역시 그 대상이 인간과 인간의 삶이기 때문입니다. 폴 틸리히는, 철학은 대상을 객관화하는 것이므로 철학자는 가능한 한 대상과 거리를 두어야 하지만, 신학과 목회는 자신을 대상과 일치시킬 때에만 가능하다고 했습니다. 그는 그것을 '실존적 자세'(existential attitude)라 불렀습니다. 그러므로 삶의 실존적 경륜 없이는, 참된 목회나 신학이 이론적으로는 가능할지 몰라도 실존적으로는 불가능할 수밖에 없습니다.

예수님은 열두 살 때 예루살렘 성전에서 랍비들과 하나님 말씀을
논했습니다. 무려 사흘 동안이나 말입니다. 당시의 신학박사인 랍비
들이 깜짝 놀랄 정도였습니다. 이처럼 예수님은 불과 열두 살 때 이
미 성경에 통달해 있었습니다. 예수님 자신이 로고스, 말씀이었으니
지극히 당연한 일이라 할 수 있습니다. 바로 여기에서 중요한 질문이
제기됩니다. 예수님께서는 왜 그때부터 목회를 시작하시지 않았는
가, 열두 살 때 이미 성경을 통달하신 분이 왜 당장 목회를 시작하시
지 않고 그 이후 오랜 세월을 기다리셨는가, 하는 질문입니다.

누가복음 3장 23절은, 예수님께서 '30세쯤' 되셨을 때 공생애 즉
목회를 시작하셨음을 밝혀 주고 있습니다. 이것이 주님께서 공식적
으로 목회를 시작하신 시기에 관한 유일한 기록입니다. 이 구절을 근
거로 사람들은, 예수님께서 30세 청년 시절에 목회를 시작하셨다가
3년 후인 33세에 돌아가신 것으로 알고 있습니다. 그러나 누가복음
3장 23절은 예수님의 목회 시작 시기가 정확하게 '30세'가 아닌,
'30세쯤' 되었을 때임을 분명히 하고 있습니다. 당시 유대인들은 나
이가 들었으면서도 젊은이처럼 왕성하게 일하는 사람을 가리켜, "저
사람은 30세쯤이다"라는 표현을 사용하곤 했습니다. 따라서 예수님
께서 '30세쯤'이셨다는 성경 기록 역시, 예수님의 연세가 실제로는
그보다 많으셨지만 마치 청년처럼 열정적으로 사역에 임하셨기에 그
렇게 표현한 것으로 해석할 수 있습니다. 요한복음 8장 51절에서 57

절이 이와 같은 해석을 확실하게 뒷받침해 주고 있습니다.

예수님께서 유대인들에게 말씀하셨습니다.

> 진실로 진실로 너희에게 이르노니 사람이 내 말을 지키면 죽음을 영원히 보지 아니하리라(요 8:51)

주님의 이 말씀에 주님을 경원하던 유대인들이 즉각 반발했습니다.

> …… 지금 네가 귀신 들린 줄을 아노라 아브라함과 선지자들도 죽었거늘 네 말은 사람이 내 말을 지키면 죽음을 영원히 맛보지 아니하리라 하니 너는 이미 죽은 우리 조상 아브라함보다 크냐(요 8:52-53상)

유대인들은 귀신과 아브라함의 이름으로 주님의 기를 꺾으려 하였습니다. 이에 대한 주님의 답변은 다음과 같았습니다.

> 너희 조상 아브라함은 나의 때 볼 것을 즐거워하다가 보고 기뻐하였느니라(요 8:56)

주님의 말씀이 채 끝나기도 전에 유대인들이 다시 주님을 비난하고 나섰습니다.

> …… 네가 아직 오십도 못 되었는데 아브라함을 보았느냐(요
> 8:57)

예수님과 아브라함 사이에는 무려 2천 년의 시차가 있었습니다. 그러므로 유대인들은, 아브라함이 예수님의 때를 보고 기뻐했다는 예수님의 말씀을 결코 받아들일 수 없었습니다. 그래서 그들은 지금 예수님을 비난하면서, 대체 네 나이가 몇 살인데 그토록 얼토당토않은 말을 하느냐고 따지고 있습니다. 이를테면 아브라함에 비해 예수님의 연세가 턱없이 적다는 사실을 공개적으로 강조하려는 것입니다. 이때 만약 예수님께서 정말 '30세'이셨다면 그들이 무엇이라고 비난했겠습니까? "겨우 서른 살밖에 되지 않은 주제에……" 분명히 이렇게 말했을 것입니다. 만약 그때 예수님께서 사십대 초반이셨다면, "이제 사십을 갓 넘긴 것이……"라고 했을 것입니다. 그러나 그들은 예수님을 향해 "네가 아직 오십도 못 되었는데"라고 말했습니다. 가능한 한 나이가 적다는 것을 강조해야 할 상황에서 '네가 아직 오십도 못 되었다'고 따졌다면, 당시 예수님께서 40대 후반이셨음을 짐작케 해 줍니다.

대부분의 사람들이 알고 있는 것처럼 예수님께서 정확하게 30세에 목회를 시작하셨다 하더라도, 그때의 30세는 지금의 30세와 같지

않습니다. 역사가 요세푸스에 의하면 당시의 평균 수명은 40세에 불과했습니다. 평균 수명 40세인 시대에 30세라면, 평균 수명 칠십대인 오늘날에는 50대에 해당됩니다. 결국 우리는 예수님의 목회 밑바탕에 깔려 있는 것은 천재성이 아니라, 오랜 세월에 걸친 충분한 인생 경륜임을 알게 됩니다.

예수님께서는 빈민촌 나사렛에서 사셨습니다. 일반적으로 사람들은, 목수였던 예수님께서 당신의 작업장인 목공소를 가지고 계셨을 것으로 생각합니다. 그러나 2천 년 전 나사렛이 속해 있던 갈릴리 지역은 워낙 가난한 빈민촌이어서 자기 목공소를 소유한 목수는 극히 드물었다고 합니다. 또한 가진 것이 아무것도 없는 빈민들이 무슨 돈으로 목공소를 찾아가 가구를 맞추거나 구입할 수 있었겠습니까? 그래서 대부분의 목수들은 대패와 망치 그리고 못 등을 넣은 공구통을 메고, 갈릴리의 여러 마을로 고객들을 찾아다닌 것으로 알려져 있습니다.

"식탁 고치세요. 문짝 고치세요."

온종일 이렇게 소리치고 다니다가 자신을 부르는 집이 있으면, 그 집의 망가진 목공품을 고쳐 주고 삯을 받는 것입니다. 그러므로 허구한 날 바다에서 살아야 하는 어부와는 달리, 당시의 목수는 누구보다도 다양한 인간의 삶을 깊이 들여다보고 또 체험할 수 있었습니다. 예수님의 삶의 배경이 갈릴리 바다였음에도, 목회를 시작하시기 전 예수님의 직업이 어부가 아닌 목수였던 것은 결코 우연한 일이 아니었습니다. 공구통을 어깨에 메신 예수님께서는 갈릴리의 모든 동네를 골목골목 누비시면서 인간의 고통과 삶의 애환, 슬픔과 눈물을 똑똑히 보고 경험하셨습니다. 그리고 말씀하였습니다.

> 심령이 가난한 자는 복이 있나니 천국이 저희 것임이요 애통하는 자는 복이 있나니 저희가 위로를 받을 것임이요(마 5:3-4)

삶의 경륜 없이는 생각조차 할 수 없는 말씀이었습니다. 만약 예수님이 말씀에 통달했던 열두 살 때부터 목회를 시작했더라면, 인간 심령 밑바닥으로부터 솟아나는 이런 말은 결코 할 수 없었을 것입니다. 설령 이와 비슷한 말을 할 수 있었다 해도 인간의 마음을 움직이지는 못했을 것입니다. 삶의 경륜을 지니지 못한 자의 말은 그것을 지닌 자의 공감을 불러일으킬 수 없기 때문입니다. 이처럼 예수님께도 인생의 경륜이 절대적으로 필요했다면, 하물며 우리야 두말해 무엇 하겠습니까?

여러분은 신대원을 졸업하기만 하면 절로 목사가 될 수 있다는 생각으로 지금 이곳에 있는 것은 아닙니까? 신대원을 마친 후 목회 현장으로 나가면, 여러분의 목회 대상은 세상의 모진 풍파 속에서 삶의 희로애락을 겪었거나, 겪고 있는 분들일 것입니다. 과부사정은 과부만 안다는 말을 굳이 들먹이지 않더라도, 그분들의 삶에 버금가는 인생 경륜 없이 그분들을 진정으로 이해하고 사랑할 수 있겠습니까?

어떻습니까? 가족 부양을 위해 직장에서 단 한 번이라도 피눈물 나는 인생을 살아 본 적이 있습니까? 봉급 지급일에 잔고가 없어, 자신의 집을 저당 잡히고 얻은 빚으로 직원들에게 봉급을 지급해 본 적이 있습니까? 자식 등록금을 마련하기 위해 자존심을 죽이고 어떤 궂은일도 마다 않았던 적이 있습니까? 이렇듯 치열하게 살다가 주일 아침 교회를 찾았건만, 세상물정 모르는 목사의 뜬구름 잡는 설교에 마음속으로 눈물 흘리며 귀가해 본 적이 있습니까? 만약 없다면, 그러고서도 과연 그런 분들을 위한 참된 목회자가 될 수 있으며 진정한 섬김과 봉사가 가능할 수 있겠습니까?

눈을 버린 사람

오늘 본문에는 사울이란 청년이 등장하고 있습니다. 그는 열렬한 유대교 신봉자였습니다. 당시의 유대교는 고등종교 타락의 관점에서 철저하게 타락해 있었습니다. 온 천지에 성직자가 넘치고 있었습니다. 성서학자 예레미야스에 의하면 당시 예루살렘에만 제사장이 8천 명이나 있었습니다. 성전에 소속된 레위인을 포함하면 예루살렘의 성직자는 1만 명을 넘었습니다. 《구약 시대의 생활풍속》의 저자 R. 드보는 당시 예루살렘 주민의 수를 3만 명으로 추산하고 있습니다. 그 숫자가 정확하다면 예루살렘 사람 세 명 중 한 명이 성직자였습니다. 그 많은 사람들이 집단적으로 유대교의 이름하에 먹고살았습니다. 본질에서 이탈한 신앙은 얼마나 기복적으로 변질되었던지, 성전마저 잇속을 위한 장터로 전락시킨 그들에겐 종파 간 기득권 확장을 위한 다툼만 있었을 뿐, 사회정의나 진리와는 거리가 멀어도 한참 멀었습니다. 그러나 외부의 공격에 대해서는 일거에 똘똘 뭉쳐 일사불란하게 대응하였습니다. 자신들에게 조금이라도 해롭다고 판단되면, 개인이든 집단이든 가차없이 제거해 버렸습니다. 예수님마저 못박아 죽여 버릴 정도로 무섭고도 거대한 이해집단을 이루고 있었습니다.

그와 같은 시대상황 속에 청년 사울이 등장하였습니다. 그는 로마 시민으로 태어났고, 높은 학력을 지니고 있었습니다. 한마디로 유복한 집안의 소생이었습니다. 그는 누구보다 열렬한 유대교 신자였지만, 유대교가 이미 타락할 대로 타락했다는 사실에 대해서는 무지했습니다. 그는 자신이 경험하거나 아는 것 외에는 모두 부정했습니다. 예수님을 구주로 믿는 사람들의 삶의 자리를 조금도 인정하려 하지 않았습니다. 오늘도 대제사장의 공문을 들고, 예루살렘에서 200여 킬로미터나 떨어진 다마스쿠스까지 크리스천들을 체포하러 가는 중이었습니다. 그는 그와 같은 자신의 행위가 하나님을 향한 섬김과 봉사임을 믿어 의심치 않았습니다. 그러나 그것은 성경이 요구하는 섬김이 아니라, 같은 이해집단에 속한 이해당사자들끼리의 거래였습니다. 그의 봉사 역시 그릇된 자기 신념, 즉 자기 자신에 대한 집착에 지나지 않았습니다.

이청준 선생의 장편소설 《당신들의 천국》은 소록도 나환자촌의 이야기입니다. 갓 부임한 신임원장은 그 섬을 나환자들을 위한 천국으로 일구기 위해 대역사를 펼칩니다. 그러나 그곳 주민들은 '당신들의 천국'이라 불렀습니다. 우리의 천국이 아니라 당신들을 위한 당신들만의 천국이라는 의미였습니다.

사울은 누구보다 봉사와 섬김에 열심이었지만 그것은 당신들의 천국을 위한, 당신들만의 섬김과 봉사일 뿐이었습니다. 그와 같은 삶의 결과가 무엇이었는지는 본문 4절이 밝혀 주고 있습니다. 다마스쿠스로 향하는 사울에게 나타나신 주님께서는, '네가 어찌하여 나를 핍박하느냐?'고 물으셨습니다. 사울이 자신의 신념을 좇아 열심을 다해 산 결과는 고작 성자 하나님의 대적일 뿐이었습니다. 그런 식으로 살아서는 현존하는 미래로서 자신의 책임을 다할 수 없음은 물론이요, 그에게 다가올 암울한 미래 역시 불을 보듯 뻔했습니다.

그러나 놀랍게도 이 청년이 새로운 미래를 견인하는 현존하는 미래가 되었습니다. 토인비의 지적처럼, 이 청년에 의해 유럽의 운명이 바뀌었습니다. 어떻게 그런 기적 같은 일이 가능할 수 있었겠습니까? 그가 예수 그리스도를 만났기 때문입니다. 빛이신 예수 그리스도께서 그를 사로잡아 주신 것이었습니다. 그 순간 그는 땅에 고꾸라지고 말았습니다. 일어나라는 주님의 명령을 좇아 일어나긴 했지만, 그러나 전과 같지 않았습니다.

사울이 땅에서 일어나 눈은 떴으나 아무것도 보지 못하고 사
람의 손에 끌려 다메섹으로 들어가서 사흘 동안을 보지 못하
고 식음을 전폐하니라 (행 9:8-9)

다시 일어나긴 했지만 더 이상 세상을 볼 수 없었습니다. 타인의
손에 이끌려서야 다마스쿠스로 들어갈 수 있었습니다. 게다가 마실
수도, 먹을 수도 없었습니다. 이것은 얼마나 중요한 메시지입니까?
주님의 빛 속에서 되돌아보니, 이제까지 그토록 열심히 살아온 자신
의 삶이란 차마 눈 뜨고 쳐다볼 가치조차 없었습니다. 그런 삶을 위
해서라면 더 이상 먹어야 할 이유도, 마셔야 할 필요도 없었습니다.
사울은 타락한 유대교의 병폐와 부조리에 물들어 있던 자신의 두 눈
을 그날로 폐기해 버렸습니다. 그의 그릇된 사고를, 어긋난 인식의
틀을 과감하게 내버렸습니다. 그리고 그날 이후로 오직 주님만을 바
라봄으로 섬김과 봉사의 주님을 본받아, 현존하는 미래답게 전혀 새
로운 삶을 주님 안에서 살았습니다.
　여러분은 목회자가 되기 위해 선지동산을 찾은 신대원생들입니다.
적어도 신대원생이라면 자신을 부르시는 주님의 음성을 들은 자임에
틀림없습니다. 그렇지 않고서야 이 자리에 있을 까닭이 없습니다. 그
런데 왜 여러분은 주님의 말씀대로 살지 못합니까? 왜 주님의 빛을
좇아 살지 못하는 것입니까? 그릇되었던 지난 삶에 대해 눈멀려 하지
않기 때문입니다. 도리어 미련을 갖고 있기 때문입니다. 참된 목사가

되기 원한다면, 총체적으로 부패한 우리 사회의 온갖 병리에 이미 물들 대로 물들어 버린 여러분의 눈을 미련 없이 버려야 합니다. 자기 자신의 토대 위에서 목표로 삼은 것, 꿈꾸고 있는 것, 지향하고 있는 그 모든 것에 대해 철저하게 눈멀지 않으면 안 됩니다. 그때에만 예수 그리스도의 빛을 좇아 진정한 섬김과 봉사의 삶을 살 수 있고, 뭇 생명을 살리는 참된 목사가 될 수 있습니다.

라이오스 왕을 죽이고 테베의 왕좌를 차지한 오이디푸스는 이오카스테를 자신의 아내로 삼았습니다. 그러나 오이디푸스는 뒤늦게, 자신이 죽인 라이오스 왕이 자기 아버지요 아내로 삼은 여인은 자기 어머니임을 알게 됩니다. 수치를 이기지 못한 어머니 이오카스테는 스스로 목숨을 끊었습니다. 친부모도 알아보지 못했던 오이디푸스는 자신의 두 눈을 뽑아 버렸습니다. 그런 눈이라면 더 이상 지니고 있을 까닭이 없었습니다. 의식을 잃었던 오이디푸스의 정신이 돌아오자 그의 입에서 흘러나온 첫 마디는 놀랍게도, "오, 빛이여!"였습니다. 더 이상 눈이 없는 사람이 빛이라니, 도무지 이해할 수 없었던 신하들이 무슨 의미인지 조심스럽게 묻자 오이디푸스가 대답했습니다.

"세상의 눈을 가진 그대들은 이 빛을 보지 못하리.

세상의 눈을 지닌 그대들은 이 빛을 알지 못하리."

세상에 물든 눈을 버림으로써 참된 빛의 눈을 얻을 수 있습니다. 이 사흘 동안의 집회기간이 여러분에게 다마스쿠스에서 사울이 경험한 사흘이 된다면, 사울처럼 자신의 그릇된 눈을 과감하게 버리는 기회로 삼는다면, 여러분은 빛이신 예수 그리스도 안에서 한국 교회의 미래를 새롭게 할 참다운 현존하는 미래, 진정한 섬김과 봉사의 목회자가 될 것입니다.

....

주님, 이 시간 우리 모두 눈을 감았습니다. 세상을 접고 눈을 감았습니다. 우리는 한국 교회의 여러 문제에 대해 많은 이야기를 해 왔습니다. 그러나 나의 눈이 이미 그 문제들에 물들어 있음은 잊고 살았습니다. 이 시간, 모든 비정상적인 것들과 비성경적인 것들에 익숙했던 우리의 눈을 내려놓기 원합니다. 우리 모두 다마스쿠스의 사울이 되기를 소망합니다. 이 사흘 동안, 이제껏 살아온 나의 삶이란 쳐다볼 가치도 없으며, 그런 삶을 위해서라면 더 이상 먹고 마실 필요조차 없음을, 주님 안에서 겸손한 마음으로 깨닫게 하여 주옵소서. 잘못되었던 나의 삶을 주님 앞에 철저하게 회개케 하여 주옵소서. 그리하여 사울이 새로이 얻었던 그 영안을 얻게 하여 주옵소서. 오직 빛이신 예수 그리스도를 뵈오며, 예수 그리스도를 좇아가게 도와주옵소서. 날마다 섬김과 봉사의 주님을 본받아 살아가게 도와주옵소서.

머리 숙인 주님의 모든 종들이 주님께서 기뻐하시는 현존하는 미래가 되게 하시고, 이들을 통해 한국 교회와 사회 그리

고 인류의 미래가 새로워지게 하여 주옵소서. 이 사경회를
통하여 주님께서 이루시기 원하시는 주님의 뜻이 우리 모두
의 삶 속에 아름답게 성취되게 해 주옵소서. 예수 그리스도
의 이름으로 기도드립니다. 아멘.

2
비늘 벗은 사람

그때에 다메섹에 아나니아라 하는 제자가 있더니 주께서 환상 중에 불러 가라사대 아나니아야 하시거늘 대답하되 주여 내가 여기 있나이다 하니 주께서 가라사대 일어나 직가라 하는 거리로 가서 유다 집에서 다소 사람 사울이라 하는 자를 찾으라 저가 기도하는 중이다 저가 아나니아라 하는 사람이 들어와서 자기에게 안수하여 다시 보게 하는 것을 보았느니라 하시거늘 아나니아가 대답하되 주여 이 사람에 대하여 내가 여러 사람에게 들사온즉 그가 예루살렘에서 주의 성도에게 적지 않은 해를 끼쳤다 하더니 여기서도 주의 이름을 부르는 모든 자를 결박할 권세를 대제사장들에게 받았나이다 하거늘 주께서 가라사대 가라 이 사람은 내 이름을 이방인과 임금들과 이스라엘 자손들 앞에 전하기 위하여 택한 나의 그릇이라 그가 내 이름을 위하여 해를 얼마나 받아야 할 것을 내가 그에게 보이리라 하시니 아나니아가 떠나 그 집에 들어가서 그에게 안수하여 가로되 형제 사울아 주 곧 네가 오는 길에서 나타나시던 예수께서 나를 보내어 너로 다시 보게 하시고 성령으로 충만하게 하신다 하니 즉시 사울의 눈에서 비늘 같은 것이 벗어져 다시 보게 된지라 일어나 세례를 받고 음식을 먹으매 강건하여지니라 사울이 다메섹에 있는 제자들과 함께 며칠 있을새

사도행전 9:10-19

벗겨진 비늘

크리스천들을 색출, 연행하기 위해 다마스쿠스로 향하던 사울은 주님의 빛에 사로잡혀 그 자리에 고꾸라지고 말았습니다. 주님의 말씀을 좇아 다시 일어섰지만 그는 볼 수도, 먹을 수도, 마실 수도 없었습니다. 타락할 대로 타락한 유대교에 물들어 무엇이 문제인지조차 인식치 못한 채, 전혀 비정상적인 것을 마치 정상적인 양 추구하던 삶이라면 더 이상 볼 가치도, 먹고 마실 의미도 없었습니다. 조금 전까지는 자신의 신념을 위해 자신의 두 발로 보무도 당당하게 걸었지만, 이제 눈이 먼 그는 남의 손에 이끌려서야 다마스쿠스로 들어갈 수 있었습니다. 주님께서는 사울을 위해 그곳에, 사울을 도울 자를 이미 준비해 두고 계셨습니다. 아나니아라는 이름의 제자였습니다.

주님께서 사울을 굴복시키신 이유가 그를 꺾어 버리는 데 있지 않고, 그를 바로 세우시기 위함이었던 것입니다.

> 아나니아가 떠나 그 집에 들어가서 그에게 안수하여 가로되 형제 사울아 주 곧 네가 오는 길에서 나타나시던 예수께서 나를 보내어 너로 다시 보게 하시고 성령으로 충만하게 하신 다 하니 즉시 사울의 눈에서 비늘 같은 것이 벗어져 다시 보게 된지라(행 9:17-18상)

아나니아가 주님의 명령대로 사울을 찾아가 안수하자 그의 눈이 다시 열렸습니다. 중요한 것은 그 순간 사울의 눈에서 "비늘 같은 것"이 벗어졌다는 점입니다. 그때까지 사울은 눈에 비늘을 뒤집어쓰고 살아온 셈이었지만, 사울 자신은 그 사실을 전혀 깨닫지 못했습니다.

어떤 비늘이든 비늘을 생각해 보십시오. 도대체 눈에 비늘을 뒤집어쓰고서야 어떻게 세상을 바르게 볼 수 있겠습니까? 영안에 비늘이 끼어 있어도 마찬가지입니다. 그런 눈을 가진 사울에게 하나님이, 예수 그리스도가, 진리가 바르게 인식될 리 만무합니다. 비늘을 통해서는 모든 것이 왜곡되게 마련입니다. 눈에 비늘을 뒤집어쓴 사울이 섬김과 봉사에 열심을 낼수록, 그 결과는 사람을 해치고 주님을 대적하는 패역으로 나타났을 뿐입니다. 그러므로 참된 신앙생활을 구현하는 것도, 바른 목사가 되는 것도, 진정한 섬김과 봉사의 삶을 추구하는 것도, 무엇보다 먼저 우리의 눈에서 비늘이 벗겨지는 것으로부터 시작됩니다.

그렇다면 비늘 벗은 눈으로 바울이 발견한 것은 대체 무엇이었습니까?

하나님의 재발견

우리는 하나님의 명령이신 십계명을 잘 알고 있습니다. 제1계명은 '나 외에는 다른 신들을 네게 두지 말라'는 것입니다. 하나님의 유일신 되심을 하나님께서 직접 천명하신 것입니다. 제2계명은 '새긴 우상을 만들지 말라'는 것입니다. 많은 사람들이 여기에 언급된 '우상'을 타종교의 신상으로 이해하고 있습니다. 그래서 근본주의적 신앙의 소유자 중에 불교사찰의 불상을 훼손하는 어처구니없는 일이 벌어지기도 합니다. 제2계명에 언급된 우상이 만약 타종교의 신상을 의미한다면, 그것은 논리적으로 모순일 수밖에 없습니다. 제1계명에서 당신의 유일신 되심을 천명하신 하나님께서 제2계명을 통해 새삼스럽게 타종교의 신상을 금하신다면, 그것은 제1계명의 내용과는 달리 하나님께서 타종교의 신을 친히 인정하시는 셈이 되기 때문입니다. 하나님께서는 그런 모순의 하나님이 아니십니다. 따라서 제2계명이 말하는 우상을 바르게 이해하기 위해서는 출애굽기 20장 23절의 내용을 확인할 필요가 있습니다.

> 너희는 나를 비겨서 은으로 신상이나 금으로 신상을 너희를
> 위하여 만들지 말고

하나님께서 말씀하신 우상은 결코 타종교의 신상이 아닙니다. 어떤 형태로든 우리 자신을 위해 여호와 하나님의 신상을 만들지 말라는 것입니다. 하나님께서는 인간이 만든 신상 속에 갇히시는 분이 아닙니다. 어떻게 세상의 유한한 것으로 무한하신 하나님을 드러낼 수 있겠습니까? 그러나 우리의 눈에서 비늘이 벗겨지지 않으면, 우리는 무한하신 하나님을 우리의 유한 속에 가두는 우를 끊임없이 범하게 됩니다. 그 좋은 예가 사울이었습니다.

사울은 자신의 손으로 가시적인 하나님의 신상을 조각한 적은 없었지만, 비늘을 뒤집어쓰고 있던 그의 심령은 자신의 욕망이 갈망하는 대로 하나님의 허상을 만들었습니다. 그는 누구보다도 하나님을 향한 열심을 지니고 있었지만, 그러나 그가 믿는 하나님은 성경을 통해 당신을 계시하신 그 하나님이 아니었습니다. 사울 자신의 편견과 신념이 빚어낸, 여호와 하나님과는 전혀 무관한 허상이었습니다. 그렇지 않고서야 어찌 그가 하나님의 이름으로 성자 하나님이신 예수 그리스도를 부인하고 크리스천들을 핍박할 수 있었겠습니까? 결국 사울 그는, 자기라는 우상을 섬기는 우상 숭배자에 지나지 않았습니

다. 주님의 은총으로 비늘을 벗은 후에야 그는 자신이 만든 우상을 타파, 비로소 하나님을 바로 뵐 수 있었습니다.

그 하나님께서는 어떤 분이셨습니까? 우리는 바울서신들과 사도행전의 증언을 통해 비늘 벗은 사울이 뵈었던 하나님을 만나 뵙게 됩니다.

현존자 하나님

비늘 벗은 사울은 바울로 이름이 바뀌었습니다. 그리고 바울은 자신이 만난 하나님과 관련하여 다음과 같이 고백하고 있습니다.

> 예루살렘에 이르러 교회와 사도와 장로들에게 영접을 받고 하나님이 자기들과 함께 계셔 행하신 모든 일을 말하매(행 15:4)

예루살렘에 상경한 바울은 그곳에 있는 사도들과 장로들에게, '하나님이 자기들과 함께 계셔 행하신 모든 일'을 보고했습니다. 원문을 더 정확하게 옮기면, '하나님께서 자신들과 함께 행하신 일'입니다. 바울은 하나님께서 하늘 너머 혹은 바다 건너 계시는 분이 아니라, 언제나 지금 현재 자신과 함께 계시는 분이심을 알았습니다. 이처럼 비늘 벗은 바울의 하나님에 대한 첫 고백은, 하나님께서는 현존자시라는 것이었습니다. 하나님께서는 어느 특정 시점에 머물러 계시지 않습니다. 언제나 우리에게 현존자로 임해 계십니다. 바른 신앙과 목회는 이 사실을 인식하며 사는 데서부터 출발됩니다.

《사하라의 불꽃》의 저자 샤를르 드 푸코는 본래 프랑스의 군인이었습니다. 그러나 주님을 인격적으로 만난 후 가톨릭에 귀의, 수도사로 사하라 사막에서 원주민을 위해 선교하다가 원주민의 총에 맞아 순교하였습니다. 그는 자신의 책 속에서 이런 질문을 제기하고 있습니다.

"하나님을 믿는 크리스천에게 가장 어려운 것은 무엇인가?"

하나님을 믿는 크리스천으로서, 목회자가 되겠다고 신대원을 찾은 신학도로서, 여러분에게 가장 어려운 것은 무엇입니까? 아마 사람마다 답변의 내용이 제각각일 것입니다. 그러나 샤를르 드 푸코는 자신의 질문에 대하여 이렇게 자답하고 있습니다.

"하나님을 믿는 크리스천에게 가장 어려운 것은 하나님을 믿는 것이다."

참으로 우리의 정곡을 찌르는 답변입니다. 평소 우리가 하나님을 믿노라 얼마나 쉽게 고백합니까? 우리는 우리가 하나님을 믿는다는 것을 추호도 의심하지 않습니다. 그럼에도 왜 우리는, 또 목회자들은, 성경과 동떨어진 삶을 사는 것입니까? 왜 가장 결정적인 순간에는 하나님의 법칙보다 세상의 법칙을 더 신봉하는 것입니까? 바로 그 순간 그 자리에 하나님께서 현존해 계시다는 사실을 망각하기 때문입니다. 하나님께서 나와 함께 계시다고 말하는 것만큼 매사에 그 사실을 믿고 행동하는 것은 쉽지 않습니다. 그러나 우리의 경건은 현존 자신 하나님을 의식하면서부터 시작됨을 잊어서는 안 됩니다.

가인이 동생을 죽였습니다. 살해 장소는 아무도 없는 빈들이었습니다. 가인은 그 빈들에는 하나님이 계시지 않을 것으로 생각했습니다. 분노의 비늘을 뒤집어쓰고 있는 가인에게는 그곳에 현존하고 계시는 하나님이 보이지 않았습니다. 하나님을 경외하던 다윗이 구중궁궐(九重宮闕) 자신의 침실에서 남의 아내를 범했습니다. 그 순간 욕정의 비늘이 썬 다윗은 자신의 침실에도 현존하고 계시는 하나님을 인식하지 못했습니다. 믿음의 조상 아브라함이 기근을 피해 이집트로 향했을 때, 그는 아무도 위협하지 않는 가운데 지레 겁을 먹고 자기 아내를 누이동생이라 속였습니다. 하나님의 부르심에 본토 친척 아비 집을 떠나는 용단을 내렸건만, 객지에서 까닭 없이 엄습한 두려움에 눈먼 그에게 하나님은 더 이상 보이지 않았던 것입니다.

가톨릭 신자인 소설가 박완서 선생은, 크리스천은 더 이상 하나님을 죽이는 자가 되어서는 안 된다고 말합니다. 크리스천이 어떤 상황 속에서 하나님의 말씀을 저버리는 것은, 바로 그 상황 속에서 크리스천 스스로 하나님을 부정하는 것입니다. 바꾸어 말하면 자신이 의식지 못하는 가운데 자진하여 하나님을 죽여 버리는 것입니다. 따라서 진정한 크리스천이 되기 원한다면 삶의 전반에 걸쳐 하나님의 말씀을 좇아야 하고, 그러기 위해서는 어떤 상황에서든 더 이상 하나님을 죽이는 자가 되어서는 안 된다는 박완서 선생의 지적은 참으로 의미심장합니다.

지금 나와 함께하시는 현존자 하나님을 인식하고 그분과 동행하는 삶을 살지 않는다면, 아무리 선교와 봉사에 매진한다 한들 치밀어 오르는 감정 앞에서, 욕정 앞에서, 두려움 앞에서, 우리는 도리어 하나님을 죽이는 어리석은 자가 될 수밖에 없습니다.

프랑스 동쪽 떼제(Taizé)에는 로저 형제(Brother Roger)가 운영하는, 그 유명한 떼제 공동체가 있습니다. 그런데 그곳을 직접 찾아가 보곤 저 개인적으로는 다소 실망했습니다.

공동체가 자리 잡고 있는 동산 한가운데에 예배당이 있습니다. 예배당 사방엔 일반적인 크기의 창문이 전혀 없어, 예배당 내부로 들어가면 외부의 빛은 완전히 차단됩니다. 그 대신 가로세로 30센티미터 정도의 작은, 그것도 스테인드글라스로 막힌 채광구를 통해 외부의 빛은 신비스러운 조명으로 바뀝니다. 그래서 한낮에도 어두컴컴한 예배당 안은 작은 채광구의 조명 덕에 신비스런 분위기로 가득합니다. 스테인드글라스로 장식된 보통의 가톨릭 성당 역시 신비스런 느낌을 주긴 하지만, 벽면이 거의 창문으로 뒤덮인 성당과는 달리 채광구뿐인 떼제 예배당의 신비스런 분위기는 성당과 견줄 바가 아니었습니다.

이윽고 저녁이 되어 집회가 시작되면 모두 촛불을 들고 입장합니다. 떼제 공동체 소속 수사들은 하얀 제복에 붉은 띠를 두르고 강단을 향해 예배당 중앙에 차례대로 앉습니다. 수사가 아닌 방문객은 강단 좌우 벽 쪽에 설치된 좌석에 앉는데, 좌석의 방향이 중앙에 있는 수사들을 향해 설치되어 있어 집회시간 내내 수사들을 바라보아야 하는 구조입니다. 수사 중에서 가장 가창력이 뛰어난 수사의 선창에 따라 나머지 수사들이 찬양을 드립니다. 밀폐된 공간, 전기 조명 대신 어둠과 한데 어우러져 흔들거리는 촛불의 장관, 그 가운데 은은하게 울려 퍼지는 수사들의 완벽한 화음의 찬양 등, 어느 것 하나 신비스럽지 않은 것이 없습니다. 그 느낌은 다른 곳에서는 경험키 어려운 신비로움에 틀림없습니다. 그 신비스런 분위기 속에서는 누구든 현존하시는 하나님을 느끼게 됩니다. 사람들은 벅찬 가슴을 안고 자기 삶의 터전으로 내려갑니다. 그것은 참으로 귀한 영적 체험일 수 있습니다.

문제는 그들 중 상당수의 사람들이 하나님을 만나기 위해 다시 떼제를 찾는다는 것입니다. 떼제에서 현존하시는 하나님을 만났다면, 현존자 하나님께서는 자기 삶의 현장에도 현존하고 계시지 않겠습니까? 따라서 현존자 하나님을 만난 자에게 요구되는 것은 언제 어디서든 현존자 하나님과 동행하는 삶을 사는 것입니다. 그런데도 많은 사람들이 하나님의 현존을 느끼기 위해 떼제 찾기를 거듭합니다. 하나님께서 그곳에만 현존하고 계시는 것으로 그릇 생각하기 때문입니다. 그것은 물론 개개인의 잘못인 동시에 떼제 공동체의 한계이기도 합니다. 그곳의 모든 분위기가, 그곳에서만 하나님의 현존을 느끼도

비늘 벗은 사람 **51**

록 철저하게 인위적으로 연출되고 있기 때문입니다. 그런 시도는 물론 하나님을 경험치 못한 자에게 좋은 영적 체험을 제공하기도 하지만, 자신도 모르게 하나님을 '떼제'라는 우상 속에 가두어 버리는 우를 범하기도 합니다. 그래서 동일한 사람이 단지 예전의 느낌을 되풀이하기 위해 몇 번씩이나 떼제를 찾는 결과가 초래되고 있습니다.

진정한 영성훈련원이라면 한 번 찾아온 사람이 또다시 찾아올 필요가 없도록 만들어 주어야 합니다. 정말 현존자 하나님을 만난 자는 같은 영성훈련원을 연거푸 찾기보다는, 현존자 하나님의 뜻을 좇아 세상의 빛과 소금으로 살아가는 것이 더욱 중요함을 절로 알 것이기 때문입니다. 변화산에 초막을 짓고 그곳에서 신선놀음하기 원하는 베드로의 요청을 단호히 거부, 도리어 주님께서 속세로 내려가신 까닭을 우리는 바르게 인식해야 합니다.

작년에 미국에서 목회한다는 목사님이 프랑스에서 제게 전화를 했습니다. 떼제 공동체를 방문한 김에 제네바에 들르고 싶은데, 제네바에서 저를 만날 수 있겠느냐는 것이었습니다. 제네바에서 잠시 그분을 뵌 지 약 3개월이 지나 그분이 미국에서 제게 메일을 보냈습니다. 그동안 새로운 임지로 목회지를 옮겼답니다. 그래서 다시 프랑스 떼제를 찾아 하나님을 뵙고 영적 충전을 받을 계획인데, 이번에도 제네바에서 저를 만났으면 좋겠다는 내용이었습니다. 저는 다음과 같이 답장을 보냈습니다.

"새로운 목회지로 옮기셨다면, 그곳에도 하나님께서 계심을 왜 생각지 않으시는지요? 새로운 목회 현장에 적응하시는 것도 바쁘실 텐데, 왜 굳이 대서양을 건너 프랑스까지 와서 하나님을 만나셔야만 하는지요?"

제네바 부근 로잔에 예수전도단 베이스가 있습니다. 매 학기 등록자 중에 한국인이 가장 많습니다. 얼마나 신청자가 많은지 한국인 통역을 따로 두고 있고, 그곳 관계자가 로잔 베이스는 한국인 덕에 유지된다고 말할 정도입니다. 물론 지원자 중에는 목사님들도 많습니다. 하와이 빅 아일랜드에는 예수전도단 하와이 열방대학이 있습니다. 그곳 역시 외국인 중 한국인 방문객이 가장 많은 것으로 알려지고 있습니다. 하나님을 믿는 크리스천이 오직 주님을 사랑하는 중심으로 하와이나 로잔을 찾아 영적 훈련의 기회를 갖는다는 것은 더없이 귀한 일입니다. 그런 훈련은 평생 한 번쯤은 경험할 가치가 충분하고도 남습니다. 그런데 여기에도 똑같은 문제가 있습니다. 외국 열방대학이나 베이스를 찾은 사람이 그 한 번의 방문으로 그치지 않고, 다른 베이스나 열방대학을 계속 순례한다는 것입니다.

예수전도단 로잔 베이스의 프로그램에 참가한 분들 중에 주일 아침, 70킬로미터나 떨어진 제네바 한인교회 주일예배에 참석하는 분들이 있습니다. 예배가 끝난 뒤 함께 식사를 나누며 제가 그분들에게 꼭 물어보는 말이 있습니다.

"로잔 베이스에 오셔서 무엇을 느끼셨습니까?"

매번 다른 분들께 질문을 드리지만 답변 내용은 언제나 대동소이

합니다.

"하나님께서 저와 함께 계심을 느꼈습니다."

목회자의 경우에도 답변 내용은 크게 다르지 않습니다. 이처럼 목사 교인 할 것 없이 지구를 반 바퀴 돌아 로잔에 와서야 하나님의 현존을 느낀다는 것은, 현존자 하나님에 대한 한국 교회의 인식이 얼마나 결여되어 있는지를 여실히 보여 주는 증거입니다. 하나님께서는 당신의 말씀을 통해, 언제 어디서나 항상 우리와 함께하심을 되풀이하여 강조하고 계십니다. 그런데 왜 한 번도 아닌, 몇 차례씩 외국을 찾아다니며 하나님의 임재와 현존을 느끼고 확인해야 하는지 의문입니다.

언제나 나와 함께하시는 현존자 하나님을 믿지 못하는 사람의 신앙은 미신과 구별될 수 없습니다. 그런 사람은 자신이 아쉬울 때만 하나님을 찾고, 그 이외의 시간엔 자기 자신을 좇아 하나님과 무관하게 살 수밖에 없기 때문입니다. 그 경우, 자기 자신의 필요에 따라 무당을 찾는 자와 무슨 차이가 있겠습니까?

저는 묻고 싶습니다. 하나님의 교회를 마치 자신의 사유물인 양 자식에게 세습하는 목사님들께 묻고 싶습니다.

"목사님은 현존자 하나님을 정말 믿으십니까?"

교인들의 헌금으로 기업을 만들고, 자신의 아들을 그 기업의 총수로 앉히는 목사님께 묻고 싶습니다.

"목사님은, 지금 하나님께서 목사님 곁에서 목사님의 일거수일투

족을 보고 계심을 정말 믿으십니까?"

영원자 하나님

비늘 벗은 바울의 하나님에 대한 두 번째 고백은 로마서에서 찾아 볼 수 있습니다.

> 나의 복음과 예수 그리스도를 전파함은 영세 전부터 감취었
> 다가 이제는 나타내신 바 되었으며 영원하신 하나님의 명을
> 좇아 선지자들의 글로 말미암아 모든 민족으로 믿어 순종케
> 하시려고 알게 하신 바 그 비밀의 계시를 좇아 된 것이니(롬
> 16:25-26상)

바울이 비늘 벗은 눈으로 뵌 하나님은 영원하신 하나님, 즉 영원자 하나님이셨습니다. 그리스도인치고 하나님의 영원하심을 믿지 않는 다는 자는 없습니다. 그럼에도 거의 모든 크리스천의 삶이 현세를 뛰어넘지 못하는 것은, 자신들의 고백과는 달리 영원하신 하나님을 실제로는 믿지 않거나 못하기 때문입니다. 영원자 하나님을 믿지 못하면 우리의 신앙과 행위는 현세주의를 벗어날 수 없습니다. 도리어 이현세를 목적으로 삼고 현세의 것을 추구하기 위해 하나님을 이용하는 자가 될 뿐입니다.

주님께서는 공생애를 시작하시기 직전 광야에서 사탄의 유혹을 물

리치셨습니다. 사탄의 유혹 내용을 자세히 들여다보십시오. 대체 무엇에 대한 유혹입니까?

"돌로 떡을 만들어 먹어라."

"성전 꼭대기에서 멋지게 뛰어내려라."

"천하만국 권세를 다 줄 테니 내게 엎드려 경배하라."

한마디로 현세주의자로 살라는 유혹이었습니다. 오직 세상에 보이는 것만을 삶의 목적으로 삼으라는 것입니다. 이에 대한 주님의 응답을 우리는 잘 알고 있습니다.

"사람은 하나님의 입으로 나오는 모든 말씀으로 살 것이라."

"주 너의 하나님을 시험치 말라."

"사탄아 물러가라. 주 너의 하나님께 경배하고 다만 그를 섬기라."

사탄의 시선이 현세에 고정되어 있는 반면, 주님의 시선은 철저하게 영원하신 하나님을 향해 있습니다. 이처럼 사탄과 주님의 대결은 눈에 보이는 것과 보이지 않는 것을 위한 대결이었고, 대결 장소는 광야였습니다. 유대 광야에는 아무것도 없습니다. 나무 한 그루 풀 한 포기 없습니다. 보이는 것이라곤 황토색 흙과 그 흙으로 이루어진 민둥산뿐입니다. 이 광야는 곧 우리의 인생이기도 합니다. 사탄은 인생이 아무것도 없는 광야이기에 확실하게 보이는 현세의 것을 추구하라고 언제나 우리를 유혹합니다. 주님께서는 인생이 광야이기에 오히려 우리에게, 황량한 광야를 목적 삼다가 광야에서 한 줌의 재로 허망하게 사라지는 어리석음을 범치 말고, 오직 보이지 않는 영원하신 하나님의 진리를 좇아 살 것을 촉구하고 계십니다.

이처럼 눈에 보이는 것과 보이지 않는 것의 대결은, 주님께서 이 땅에 오시기 1,400년 전에도 있었습니다. 모세가 하나님의 말씀을 받기 위해 시내산 정상으로 올라갔습니다. 암석으로만 이루어진 시내산 정상엔 아무것도 없습니다. 그때 이스라엘 백성들은 시내산 아래 시내광야에 있습니다. 시내광야 역시 아무것도 보이지 않는다는 점에서 시내산 정상과 다르지 않았습니다. 아무것도 보이는 것이 없었기에, 모세는 눈에 보이지 않는 영원하신 하나님의 말씀을 붙잡았습니다. 그러나 이스라엘 백성들은 아무것도 보이지 않았기에, 가장 확실하게 보이는 황금송아지를 붙들었습니다. 그리고 그토록 확실해 보이던 황금송아지는, 모세가 던진 영원하신 하나님의 말씀의 돌판에 의해 박살나고 말았습니다.

3,400년 전 모세가 보이지 않는 영원하신 하나님의 말씀을 붙잡았던, 아무것도 보이지 않는 시내산 정상에 이르기 위해서는 시내산 1,500미터 지점부터 걸어 올라가야 합니다. 시내산 정상의 높이가 해발 2,285미터이므로 약 780미터를 걸어야 하는 셈입니다. 일출을 보기 위해서는 새벽 1시부터 걷기 시작해야 합니다. 마지막 코스는 얼마나 급경사인지 등산에 익숙한 사람도 몇 번이나 쉬어야 합니다. 그러나 꼭두새벽, 무려 세 시간 이상 가쁜 숨을 몰아쉬며 시내산 정상에 올랐을 때의 심정은 한마디로 참담했습니다.

시내산 정상에는 아주 작은 규모의 예배당이 있었습니다. 도대체 예배당을 얼마나 오래 전에 잠갔는지, 입구 문고리에 묶인 쇠사슬은 새빨갛게 녹이 슬어 있었습니다. 유리창도 여러 장이나 깨져 있어 보기조차 민망했습니다. 반면에 예배당 조금 아래쪽엔, 한국 라면을 포함하여 온갖 기념품을 판매하는 아랍 상인의 가게들이 문전성시를 이루고 있었습니다. 시내산 정상에 폐쇄된 채 방치된 캄캄한 예배당과 불야성을 이룬 아랍인의 가게들……. 그것은 병든 이 땅 교회들의 모습이었습니다. 하나님을 믿는다면서도 '영원'엔 아랑곳없이, 오직 눈에 보이는 것만 추구하는 현세주의자들만 양산하고 있는 한국 교회의 실상이 거기에 있었습니다.

현재 세계 제1갑부인 미국 빌 게이츠의 마이크로소프트사가 미 법무부에 의해 피소, 재판이 진행 중입니다. 미 법무부가 마이크로소프트사를 제소한 법적 근거는 반독점법에 의해서입니다. 마이크로소프트사는 자신의 독점적 지위를 이용하여 경쟁사들에 막대한 피해를 입히거나 도산시키고 있으므로, 그처럼 불의한 경영을 해 온 마이크로소프트사는 법의 제재를 받아 마땅하다는 것입니다.

중요한 것은 마이크로소프트사를 제소한 반독점법이 왜 미국에서 제정되었느냐 하는 것입니다. 그 법은 유명한 세계적 거부 록펠러와 카네기를 제재하기 위해 생긴 법입니다. 그들은 시장 독점을 통해 경쟁사를 죽이거나 더 큰 이득을 얻기 위해 수단과 방법을 가리지 않았습니다. 따라서 그들의 비윤리적인 독점 행위로부터 기업과 소비자를 보호하고 시장의 질서를 유지하기 위해 미 정부가 제정한 법이 반독점법이었습니다. 그 결과 석유 독점기업이었던 록펠러의 스탠더드 오일 컴퍼니는 무려 스무 개 이상의 기업으로 강제분할되었습니다. 만약 미국에 반독점법이 없어 아직까지 미국 석유를 록펠러가(家)가 독점하고 있다면, 그로 인한 그동안의 폐해가 얼마나 컸을지는 상상조차 할 수 없습니다. 록펠러나 카네기가 생전 혹은 사후에 많은 재산을 사회에 환원했기에 오늘날 그들의 이름이 미화되어 있지만, 그들이 살아 있을 당시에 미국의 정의로운 사람들은 그들을 대표적인 비윤리적 기업인으로 간주, 그들을 제재하기 위해 반독점법을 제정하기까지 했습니다. 그런데도 오늘날 한국 교회 강단에서는 예수 믿고 복 받아 록펠러나 카네기처럼 살자는 설교가 여전히 선포되고 있습니다.

하나님을 믿는다면서도 영원이 아닌 현세를 우리 삶의 궁극적 목표로 삼는다면, 현재 대한민국에서 가장 존경받을 분이 누구이겠습니까? 단연코 현대그룹 정주영 회장님일 것입니다. 초등학교도 졸업하지 못한 분이 자신의 당대에 세계적인 재벌그룹을 일궈 냈습니다. 그러나 일평생 철저한 현세주의자로 살아온 그분의 말년이 현재 어떻게 진행되고 있습니까? 고령으로 이미 판단력을 상실한 아버지의 재산을 놓고 그분의 자제들이 공개적으로 원수처럼 싸우고 있습니다. 현세주의자가 현세를 떠나기도 전에 현세에서 겪는 심각한 후유증이 아닐 수 없습니다.(현대 정주영 명예회장은 이 설교가 있었던 해로부

터 일 년 뒤인 2001년에 작고했다. - 편집자)

하나님을 믿는다면서도 영원자이신 하나님을 인식하고 살지 않으면 우리의 모든 행위는, 심지어는 주님의 이름으로 행하는 섬김과 봉사까지도 반드시 후유증을 남기게 됩니다. 오직 영원 속에만 현세의 후유증이 없습니다. 영원이란 이미 현세를 뛰어넘은 것이기 때문입니다. 이것이 사도 바울이 다음과 같이 고백한 이유입니다.

> 우리의 돌아보는 것은 보이는 것이 아니요 보이지 않는 것이니 보이는 것은 잠깐이요 보이지 않는 것은 영원함이니라(고후 4:18)

이탈리아 로마에는 옛 공화정 시대의 유적이 있습니다. 무솔리니의 집권 당시 독일의 히틀러가 로마를 방문하게 되었습니다. 무솔리니는 동맹국 원수인 히틀러를 극진하게 영접하기 위해 새로운 대로를 건설했는데, 그 신작로가 2천 년 역사를 지닌 공화정 시대 유적지 한가운데를 관통하고 있습니다. 그 대로 아래쪽 유적지에는, 말년의 사도 바울이 참수당하기 직전에 갇혀 있었던 것으로 알려진 지하 감방이 있습니다. 그리고 무솔리니가 건설한 대로에는 카이사르의 동상이 세워져 있습니다. 바울이 갇혔던 지하 감방 입구에서 카이사르의 동상이 올려다보이고, 카이사르 동상 앞에서는 바울의 지하 감방이 내려다보입니다. 그곳에서 바울의 지하 감방을 내려다보는 제 눈에 눈물이 핑 돌았습니다.

2천 년 전 바울의 가문과 학력 그리고 경력이라면, 그는 얼마든지 최고 권력자 카이사르 편에 설 수도 있었습니다. 하지만 그는 눈에 보이는 권력을 붙잡지 않았습니다. 비록 지하 감방에 갇혔다 참수형을 당할 망정 오직 영원하신 하나님만 붙잡았습니다. 그래서 그의 삶은 그 어떤 후유증도 남기지 않았습니다. 영원하신 하나님께서는 오히려 그의 삶을 통해 오늘도 역사하고 계십니다. 만약 2천 년 전 바울이 하나님을 믿는다면서도 현세주의에 빠져 카이사르의 삶을 추구, 단지 현세를 목적으로 살았더라면, 그의 글이 영원한 성경말씀이 되었을 리도 없을뿐더러 우리가 그의 이름을 알 까닭도 없을 것입니다. 그러나 그는 2천 년이 지난 지금까지도 우리 가운데 살아 있습니다. 그가 참수형을 당하기까지 믿었던 하나님은 영원자이시기에, 그분의 영원 속에서 그 역시 영원히 살아 있는 것입니다.

전능자 하나님

우리는 사도행전 27장 23절에서 25절을 통해, 비늘 벗은 바울의 하나님에 대한 세 번째 고백을 들을 수 있습니다.

나의 속한 바 곧 나의 섬기는 하나님의 사자가 어젯밤에 내 곁에 서서 말하되 바울아 두려워 말라 네가 가이사 앞에 서야 하겠고 또 하나님께서 너와 함께 행선하는 자를 다 네게

주셨다 하였으니 그러므로 여러분이여 안심하라 나는 내게
말씀하신 그대로 되리라고 하나님을 믿노라

죄수의 몸으로 배에 실려 로마로 압송되던 도중, 지중해에서 유라
굴로 태풍을 만났을 때 사도 바울이 행한 고백입니다. 태풍의 위력이
얼마나 심했던지 성경은 아예 광풍(狂風)이라 불렀습니다. 사도 바울
의 이 고백은 그 광풍이 몰아친 첫날에 행한 것이 아닙니다.

이튿날이 되자 광풍이 멎기는커녕 오히려 더 심해졌습니다. 어쩔
수 없이 사공들은 배를 보호하기 위해 모든 화물을 바다에 내던졌고,
사흘째 되는 날엔 배의 기구마저 모조리 버려야만 했습니다. 그러나
배는 여전히 그들의 통제 밖에 있었고, 먹지도 마시지도 못하는 날이
무려 열흘 이상 계속되었습니다. 희망은 그 어디에서도 찾을 길이 없
었으며, 절망의 밑바닥까지 떨어진 사공과 승객들에게 남은 것이라
고는 죽는 것밖에 없었습니다. 바로 그와 같은 극한 상황 속에서 사
도 바울이, '여러분이여 안심하라 나는 내게 말씀하신 그대로 되리라
고 하나님을 믿노라'고 외친 것입니다.

그 죽음의 절망 속에서 어찌 바울만은 하나님께서 자신들을 구원
해 주실 것을 이렇듯 확신할 수 있었겠습니까? 비늘 벗은 눈으로 바
울은 전능자신 하나님을 뵈었기 때문입니다. 우리가 믿는 하나님께
서는 우리와는 달리 전능자십니다. 하나님께서 전능자신 것은 곧 창
조주시기 때문입니다. 무에서 유를 가능케 할 수 있는 인간은 그 어

디에도 없습니다. 오직 창조주만 하실 수 있습니다. 창조주신 하나님께서는 없음에서 있음을 만들어 내십니다. 전능자시기 때문입니다.

전능자 하나님을 믿는다는 것 역시 말처럼 쉬운 일은 아닙니다. 인간은 전능하신 하나님보다 자신의 능력을 더욱 신뢰하려 하기 때문입니다. 그러나 전능하신 하나님을 믿을 때에만, 전능자께서 내 삶 속에 현존하시면서 인생의 모든 광풍으로부터 나를 책임져 주심을 믿을 때에만, 우리는 현실을 도피하고픈 그릇된 피안주의(彼岸主義)의 유혹에서 벗어날 수 있습니다. 우리는 주어진 삶의 의무와 책임을 회피하고 피안의 세계에 안주하려던 기독교 초기의 이단 몬타누스나 신앙촌의 박태선 장로, 혹은 다미선교회 휴거설의 이장림 목사가 되어서는 안 됩니다. 그들의 공통점은 모두 현실 도피자였다는 것입니다. 참된 크리스천은 누구보다 현실의 삶에 충실해야 합니다. 이것은 현세주의자가 되라는 말이 결코 아닙니다. 현세주의란 현실을 우상으로 섬기는 것이지만, 크리스천이 현실의 삶에 최선을 다하는 것은 세상 속에서 하나님의 뜻을 행하는 소명을 완수하기 위함입니다.

사도 바울은 전능자이신 하나님을 믿었기에, 모든 사람들이 생을 포기하는 유라굴로 광풍의 절망 속에서도 피안의 세계로 도피하지 않았습니다. 그는 그 순간에도 자신에게 주어진 소명에 대한 투철한 사명감으로 불타고 있었습니다. 자신은 하나님을 위하여 로마 황제 앞에 서야 했기에 전능하신 하나님께서 광풍 속에서도 반드시 자신을 책임져 주실 것을 확신했고, 전능자 하나님을 의심 없이 믿는 바울 한 사람의 믿음으로 인해 그 배에 있던 276명 전원이 구원을 얻었습니다. 그리고 이와 같은 체험은 후에 다음과 같은 고백으로 이어졌습니다.

"나는 이 둘 사이에 끼어 있습니다. 내가 원하는 것은, 세상을 떠나서 그리스도와 함께 있는 것입니다. 그것이 훨씬 더 나으나, 내가 육신으로 남아 있는 것이 여러분에게는 더 필요할 것입니다. 이렇게 확신하므로, 나는, 여러분의 발전과 믿음의 기쁨을 더하게 하기 위하여, 여러분 모두의 곁에 머물러 있어야 할 것으로 압니다."(빌 1:23-25 표준새번역)

이 내용을 쉽게 설명하면 이렇습니다. 만약 주님께서 '너 당장 죽어 하늘나라에 와 내 곁에서 살래, 아니면 땅 위에서 더 살래?'라고 물으신다면, 바울은 자신을 위해서는 당장 죽어 주님 곁에 가기를 원한다는 것입니다. 주님을 믿는 궁극적인 목적이 거기에 있기 때문입니다. 그러나 하나님께서 자신에게 맡겨 주신 사명을 완수하기 위해 주님께서 부르시는 그날까지 이 땅의 삶에 최선을 다하겠다는 것입니다. 바울은 결코 현실을 외면하는 피안주의자가 아니었습니다. 그는 누구보다 주어진 현실의 삶에 충실하였습니다. 그 동인(動因)이 전능자 하나님에 대한 투철한 믿음이었음은 두말할 나위가 없습니다.

해마다 8월이 되면 제네바 축제가 열립니다. 제네바 주 정부가 주민들을 위해 음악회와 불꽃놀이 등 다양한 행사를 벌이는 바, 지난 축제에는 그 일환으로 달라이 라마 초청강연이 있었습니다. 그런데 그의 강연 날짜가 8월 둘째 주일이었고, 강연 장소는 칼뱅이 종교개혁을 주도했던 생피에르 교회 예배당이었습니다. 주일예배가 끝난 뒤 에큐메니컬 차원에서 티베트 라마불교에 관해 달라이 라마가 강의를 한 것이 아니었습니다. 주일예배 시간에 주일예배 대신, 행복을 주제로 달라이 라마가 설법을 한 것입니다. '지혜의 바다' 라는 제목으로 행해진 그날의 설법요지는 다음과 같았습니다.

우리는 모두 똑같습니다. 우리는 다 평등한 인간으로서 행복해질 권리를 지니고 있습니다. 삶의 목표는 바로 행복입니다. 그것은 지극히 단순합니다. 그러나 행복과 쾌락의 혼동을 경계해야 합니다. 행복이란 우리 속에 존재하는 것으로, 우리 외부에 있는 물질에 의존하지 않습니다. 반면에 쾌락이란 우리 오감(五感)의 만족을 의미할 따름이므로, 거기에는 반드시 한계가 있습니다. 따라서 전적으로 물질에만 의존하지 않는 행복을 구축할 수 있어야 하고, 종교는 이에 대한 좋은 안내자가 될 수 있습니다. 모든 종교는 다 상이하지만, 그러나 참된 존재와 선한 양심을 추구한다는 의미에서는 동일합니다.

평소 불교문화권에서 살아온 우리에게는 전혀 새로울 것이 없는 내용입니다. 불교문화권과 구별되는 서양이라고 다를 바가 없습니다. 유럽 어느 서점이나 도서관에서든 행복을 주제로 한 책을 통해 손쉽게 접할 수 있는 내용입니다. 그런데도 이 설법을 듣기 위해 생피에르 예배당에 몰려든 제네바 시민의 수는 무려 5,000명이나 되었습니다. 생피에르 예배당의 수용인원이 2,000명이기에, 나머지 3,000명은 밖에 선 채 스피커로 그분의 설법을 들었습니다. 제네바 시민이 총 18만 명 그리고 매주일 생피에르 예배당에 출석하는 교인의 수가 100명 조금 넘는 것을 감안하면, 그날의 인파는 가히 기록적이었습니다. 이튿날 제네바의 모든 신문들이 이 사실을 대서특필했는데 그중에는, 500년 전 칼뱅이 같은 장소에서 설교했을 때에도 그만한 인파가 모이지는 않았다고 보도한 신문도 있었습니다.

제네바에서 일정을 마친 달라이 라마는 곧장 뉴욕으로 건너가 센트럴 파크에서 설법을 했습니다. 그곳에 운집한 뉴욕 시민의 수는 물경 4만 명이었습니다. 이런 현상은 미국과 유럽에서 달라이 라마의 대중적인 인기가 어느 정도인지를 확인케 해 줍니다. 그렇다면 여기에서 우리는 질문을 제기하지 않을 수 없습니다. 왜 서구인들이 그토록 달라이 라마에게 심취하느냐 하는 것입니다. 도(道)의 깊이로 따지자면 한국의 대선사 성철스님에게 턱없이 못 미치고, 설법 그 자체로는 사르트르나 임마누엘 칸트의 강연보다 전혀 나을 것이 없는 그를 왜 서구인들이 그토록 좋아하느냐는 것입니다. 한마디로 그가 서구인들 사이에서 누리고 있는 대중적 인기의 원천이 무엇이냐는 것입니다.

이와 관련하여 서구 사회 일각에는, 달라이 라마의 인기는 정치적 목적을 위해 미국에 의해 조작된 것이란 견해가 있습니다. 소련 붕괴 이후 세계 유일의 초강대국이 미국이요, 미국이 미래의 가장 큰 경쟁자로 지목하고 있는 나라가 무서운 속도로 경제성장 중인 인구 12억의 중국임은 이미 주지의 사실입니다. 따라서 미국이 중국을 견제하기 위한 카드 중의 하나로 달라이 라마를 이용하고 있다는 것입니다. 즉 1950년 중국공산당이 티베트를 무력 점령하자 1959년 인도로 망명한 이래 지금까지 티베트의 독립 혹은 자치를 줄기차게 주장하고 있는 달라이 라마를 미국은 거대중국을 분열시킬 잠재력을 지닌 인물로 간주, 그가 세계적인 영향력을 지닐 수 있도록 은연중 밀어주었고 그것은 이미 상당한 효과를 거두고 있다는 것입니다. 달라이 라마가 주로 CNN과 같은 미국 언론에 의해 세계적 인물로 부상한 것을 감안하면 충분히 있을 수 있는 이야기입니다.

그러나 이것만으로 서구인에 대한 그의 대중적 인기를 해명하기에는 역부족입니다. 언론의 각광과 대중적 인기가 늘 정비례하는 것은 아니기 때문입니다. 예를 들어 빈민의 어머니였던 테레사 수녀 역시 달라이 라마처럼 노벨상을 수상했을 뿐만 아니라 세계적으로 언론의 각광을 받았습니다. 웬만한 사람치고 그녀의 이름을 모르는 자가 없을 만큼 그녀는 세계적으로 알려진 인물이었고, 그런 만큼 그녀의 영향력 또한 지대하였습니다. 그러나 세계 어느 곳에서건, 그녀의 강연에 달라이 라마의 경우와 같은 거대인파가 몰려든 적이 없었습니다. 그녀의 말을 듣기 위해 제네바 같은 소도시에서 5천 명, 뉴욕 같은 대도시에서 4만 명에 달하는 군중이 동원된 적이 한 번도 없었다는 말입니다. 어느 도시에서든 기껏 몇백 명의 청중이 모였을 뿐입니다. 이처럼 언론의 조명과 대중적 인기가 반드시 정비례하지 않는 실정이고 보면, 달라이 라마에 대한 서구인들의 대중적 관심에는 필경 다른 이유가 있을 것이고, 그 다른 이유란 바로 그의 설법에 들어 있을 것임이 분명합니다.

작년에 CNN이 달라이 라마에 관한 특집을 방영한 적이 있습니다. 그때 달라이 라마가 서구인들을 위한 설법을 했는데, 그 설법의 첫 머리가 이렇게 시작되었습니다.

> There is no External Creator. The only one Creator is your internal mind.
>
> (그대 외부에 창조주는 존재하지 않는다. 오직 창조주가 있다면 바로 그대 속 그대의 마음이다.)

이 한마디 속에서 우리는 왜 서구인들이 그토록 달라이 라마에게 경사(傾斜)되고 있는지 그 해답을 얻을 수 있습니다. 과학의 발달과 물질적 번영으로 인하여 대부분의 서구인들은 이미 오래전에

External Creator, 인간을 창조하신 창조주 하나님께 등을 돌렸습니다. 자신들의 기술과 자본을 신봉하는 인간 자신들이 스스로 창조주가 되었기에, 더 이상 External Creator가 필요 없어진 것입니다. 창조주의 자리에 앉아 있는 그들에게 External Creator에 대한 절대적 믿음을 요구하는 기독교는 효용을 상실한 낡은 옷에 불과할 따름입니다. 지금 그들에게 절실하게 필요한 것은 스스로 창조주가 되어 있는 그들 자신을 다스리는 것이고, 이 세상에 창조주가 있다면 오직 인간의 내적 마음일(너 자신)뿐이라 설파하는 달라이 라마의 설법이야말로 그 필요에 대한 구체적 해답인 것입니다. 창조주인 자신들을 다스리는 법을 가르쳐 주는 달라이 라마가 그들에게는 이 시대의 메시아인 것입니다. 이 사실을 알고 나면, 오늘날 서구인들이 몰입하고 있는 뉴에이지운동이나 인도의 명상 혹은 동양종교 등에는 한 가지 공통점이 있음을 발견하게 됩니다. 그 모두는 한결같이 External Creator 즉 창조주 하나님을 부정하면서, 인간이 곧 신이요 창조주라 가르치고 있다는 것입니다. 결국 서구인들은 의식적이건 무의식적이건 간에 그들 스스로 신의 자리, 창조주의 자리를 지키기 위해 안간힘을 쓰고 있는 셈입니다. 바로 이것이 External Creator를 선포하는 생피에르 예배당이 평소에는 텅텅 비어 있다가, 도리어 External Creator를 부정하는 달라이 라마의 설법을 듣기 위해서 예배당 건축 이후 최대의 인파가 몰려든 이유일 것입니다.

그러나 과연 그렇습니까? 이 세상에 External Creator는 정말 존재하시지 않습니까? 달라이 라마가 세계적인 명성을 누리는 종교 지도자임엔 틀림없습니다. 그렇다고 달라이 라마가 부정하기만 하면, 그것으로 External Creator는 실제로 존재하시지 않는 것입니까? 만약 창조주가 존재한다면, 그때의 창조주는 과연 우리 자신입니까? 저는 이 질문들에 대해 아니라고 답할 수밖에 없습니다. 저로서는 External Creator를 부정하는 그 어떤 논리도 부정할 수밖에 없습니다.

저는 제 젊음을 어이없이 탕진했던 사람입니다. 인생의 소중함을 몰라서가 아니었습니다. 저 자신을 아끼고 싶지 않아서도 아니었습니다. 그런데도 오래도록 부끄러운 삶을 살았습니다. 어머니와 아내를 위해, 아니 저 자신을 위해, 다시는 이렇게 살지 않으리라 혀를 깨문 적이 한두 번이 아니었습니다. 그러나 제 결심으로는 언제나 역부족이었고, 저 자신에 절망한 저의 삶은 날로 더욱 타락하기만 했습니다. 그 타락과 방탕의 나락에서 저를 건져 주신 분은 결코 저 자신, 저의 internal mind가 아니었습니다. 저를 건져 주신 분은 External Creator, 창조주 하나님이셨습니다. 창조주 하나님께서는 저를 죽음의 수렁에서 건져만 주신 것이 아니었습니다. 저를 건져 주신 하나님께서는 천지를 창조하셨던 당신의 전능하심으로 저를 어루만져 주시고 새로이 빚어 주셨습니다. 하나님께서 전능자가 아니셨다면 결코 있을 수 없는 일이었습니다.

이처럼 창조주 하나님의 전능하심은, 저처럼 쓸모없고 형편없는 인간을 살리셨다는 데서 극치를 이루고 있습니다. 이것은 저만의 경험이 아닙니다. 성경에 등장하는 모든 이들의 경험인 동시에, 바로 여러분들의 고백이기도 합니다. 이렇듯 저와 함께하시는 하나님께서는 천지를 창조하신 전능자심을 믿기에, 하나님께서 당신의 뜻을 이루시려 제게 맡기신 삶을 회피하거나 도피함이 없이 도리어 그 삶의 완수를 위해 제 신명을 바칠 수 있습니다.

하나님께서 전능자이심을 정녕 믿는 목사라면, 그 믿음은 목사의 업적이나 행사가 아니라 사람과의 관계 속에서 드러나야 함을 잊지 말아야 합니다. 나 같은 죄인을 살리시고 목사로 세워 주신 분이 전능하신 하나님이시라면, 그 하나님께서 어찌 당신의 전능하심으로 그 사람 또한 바로 세워 주시지 않겠습니까?

저는 묻고 싶습니다. 자신이 목회하는 교회 교인이나 장로를 험담하는 목사님께 묻고 싶습니다.

"목사님은 정말 전능자이신 하나님을 믿으십니까?"

하나님의 전능하심을 진정으로 믿는다면, 전능하신 하나님께서 자신을 통해 그를 바로 세우실 수 있도록 오히려 기꺼이 그를 위한 도구가 되어야 합니다. 전능하신 하나님께서 자신을 살리시고 목회자로 세우셨듯이, 자신을 도구로 삼아 모든 교인들을 새로이 빚어 주실 것을 믿는다면 어찌 주님의 몸 된 교회에 대립이나 분열이 있을 수 있겠습니까? 내가 기꺼이 나 자신을 주님의 도구로 내어놓았음에도 전혀 변화되지 않는 교인이 있다면, 오히려 인간적으로 나를 괴롭히는 교인이 있다면, 그것은 전능하신 하나님께서 여전히 모난 상태의 내 심령을 가다듬어 주시기 위한 끌로 그를 사용하고 계심을 믿어야 합니다. 그때에만 우리는 언제 어디서나, 누구에게나, 평생 봉사와 섬김의 목회자로 살아갈 수 있습니다.

여러분의 시대에는 한국 교회에 더 이상의 대립과 분열이 없어야 합니다. 그것은 여러분이 전능하신 하나님을 전적으로 신뢰할 때에만 가능합니다. 만약 여러분이 누군가와 더불어 교회를 개척한다면, 여러분이 다른 목회지로 떠나가지 않는 한 소위 개척 멤버들과 일평생 함께 가야 합니다. 많은 목회자들이 그렇게 하듯, 누군가가 여러분의 말을 듣지 않는다고 사람을 버리는 목사가 되어서는 안 됩니다. 그 사람이 누구든 전능하신 하나님께서 당신의 뜻을 위하여 여러분에게 붙여 주신 하나님의 자녀임을 믿을 때, 여러분은 진정한 목회자가 될 것이요 여러분이 목회하는 교회는 사랑과 평화의 전당이 될 것입니다.

절대자 하나님

비늘 벗은 바울의 하나님에 대한 네 번째 고백은 로마서 8장에서 찾아볼 수 있습니다.

만일 하나님이 우리를 위하시면 누가 우리를 대적하리요 자기 아들을 아끼지 아니하시고 우리 모든 사람을 위하여 내어 주신 이가 어찌 그 아들과 함께 모든 것을 우리에게 은사로 주지 아니하시겠느뇨 누가 능히 하나님의 택하신 자들을 송사하리요 의롭다 하신 이는 하나님이시니 누가 정죄하리요 (롬 8:31하-34상)

누가 능히 하나님께서 택하신 자들을 송사할 수 있으며, 누가 감히 하나님께서 의롭다 하신 자를 정죄할 수 있단 말인가! 비늘 벗은 바울이 뵌 하나님께서는 이처럼 절대자셨습니다. 바울에겐 하나님의 절대성을 고백할 수밖에 없는 까닭이 있었습니다. 바울이 예수 그리스도의 빛에 사로잡히던 순간, 그 현장에 바울 홀로 있었던 것은 아닙니다. 그는 분명히 그의 일행과 함께 있었습니다. 그런데도 그날 그 자리에서 주님의 선택을 받은 자는 바울 한 사람뿐이었습니다. 나머지 사람들은 제외된 것입니다. 왜 바울 홀로 주님의 택함을 입었습니까? 그 자리에 있던 사람 가운데 바울이 가장 의롭고 도덕적이었기 때문이겠습니까? 전혀 그렇지 않았습니다. 바울은 크리스천들을 색출하러 가던 그 일행의 괴수였습니다. 굳이 따지자면 하나님의 절대주권에 의해서요, 그 외에 다른 이유가 있을 수 없었습니다. 절대자이신 하나님께서 당신의 절대적인 뜻을 위하여 당신의 절대주권으로 바울을 택하신 것이었습니다. 그래서 바울은 하나님은 토기장이시요 자신은 토기에 지나지 않음을 고백하면서, 일평생 절대자이신 하나님의 절대적인 뜻에 자신의 삶을 전적으로 맡겼습니다.

우리 역시 절대자이신 하나님의 부르심을 입은 자들입니다. 어떻습니까? 우리의 어릴 적 동네 친구들, 같은 반 동창생들 역시 한 사람도 빠짐없이 하나님의 부르심을 받았습니까? 결코 그렇지 않습니다. 그들 중에는 아직 구원의 은총을 입지 못한 친구들이 훨씬 더 많습니다. 하나님의 선택이 그들을 제쳐 놓고 우리에게 임한 것은, 그들보다 우리가 더 윤리적으로 살았기 때문입니까? 그것도 아닙니다. 저는 제 친구들 중에 가장 비도덕적인 인간이었습니다. 그럼에도 하나님께서는 저를 부르시고 당신의 종으로 세워 주셨습니다. 오직 하나님의 절대주권에 의해서였습니다. 이처럼 하나님께서는 절대자이시며, 그렇기에 그분께서 행하시는 일은 무엇이든 절대적 의미를 지니고 있습니다. 이 사실을 온전히 믿을 때에만 우리는 삶의 현장, 목회 현장에서 상대주의에 빠지지 않을 수 있습니다.

현재 저는 제네바에서 혼자 살고 있습니다. 덕분에 모든 가사는 제 몫입니다. 밥 짓고 설거지하고 빨래하며, 청소와 다림질 등 모두 제가 직접 해야 합니다. 사람들은 강단에서 하나님의 말씀 전하는 것을 대단히 귀한 일로 여깁니다. 물론 귀한 일임에 틀림없습니다. 그러나 제가 밥 짓지 않고, 빨래하지 않고, 와이셔츠 다려 입지 않고서, 어떻게 제네바 한인교회 강단에서 하나님의 말씀을 전할 수 있겠습니까? 그렇다면 하나님의 말씀을 전하는 것이나, 하나님의 말씀을 전하기 위해 밥 지어 먹고 빨래하는 것이나, 그 절대적인 가치는 하나님 앞에서 절대적으로 동일합니다. 나의 모든 행위가 하나님께 초점이 맞추어져 있는 한, 그 어느 것도 덜하거나 못하지 않습니다. 내 모든 행위의 초점이신 하나님께서 절대자이시기 때문입니다.

현재 제네바 한인교회의 외형적 규모는 제가 이전에 목회했던 주님의교회에 비해 30분의 1도 되지 않습니다. 이 경우 제네바 한인교회 목회는 서울 주님의교회에 비해 목회 가치가 떨어지는 것입니까? 결코 그렇지 않습니다. 제네바 한인교회를 통해서도 절대자이신 하나님의 절대적인 뜻은 절대적으로 이루어지고 있습니다. 잊지 마십시오. 목회에는 큰 목회, 작은 목회가 따로 없습니다. 입으로는 "부름받아 나선 이 몸 어디든지 가오리다"는 찬송을 열심히 부르면서도, 왜 많은 목회자들이 큰 교회 작은 교회를 따지는 어리석음을 범하는 것입니까? 오직 절대자이신 하나님을 믿을 때에만 입이 아닌 삶으로 그 찬송을 부를 수 있습니다.

절대자 하나님을 믿는 자만, 자신보다 못한 사람이 자기 윗자리에 있어도 기쁨으로 그를 수용할 수 있습니다. 사도 바울은 당대 최고의 지성인이었습니다. 반면에 예루살렘 교회의 지도자들은 하나같이 무식한 갈릴리 어부 출신들이었습니다. 그러나 바울은 전혀 개의치 않았습니다. 세상적인 잣대로 볼 때 모든 면에 걸쳐 자신보다 못한 그들을 바울은 교회 지도자로 존중했습니다. 자신을 통해 하나님의 절대적인 뜻이 이루어지듯, 그들을 통해서도 절대자 하나님의 섭리가 절대적으로 이루어짐을 믿었기 때문입니다.

어떤 경우에도 세속적인 계산, 이기적인 사고방식으로 목회지를 선택하려 하지 마십시오. 그런 식으로는 소위 세상이 말하는 목회 성공을 이룰지는 몰라도, 한 시대의 역사를 새롭게 하는 성령님의 통로가 될 수는 없습니다. 오직 절대자이신 하나님을 믿을 때에만 그분께서 지정하신 곳에서 진정한 섬김과 봉사의 목사로 일평생 살아갈 수 있습니다.

심판자 하나님

우리는 사도행전 24장 24절에서 25절을 통해 비늘 벗은 바울의 하나님에 대한 다섯 번째 고백의 내용을 알 수 있습니다.

> 수일 후에 벨릭스가 그 아내 유대 여자 드루실라와 함께 와서 바울을 불러 그리스도 예수 믿는 도를 듣거늘 바울이 의와 절제와 장차 오는 심판을 강론하니(행 24:24-25상)

바울에 관한 이야기를 들은 유대 총독 벨릭스는 감옥에 수감되어 있던 그를 자기 앞으로 불렀습니다. 그리고 예수 믿음의 의미가 무엇인지 물었습니다. 이에 바울은 예수 믿는 도의 요체를 세 단어로 대답했습니다. 즉 의와 절제 그리고 심판이었습니다. 이처럼 바울은 하나님의 심판, 심판자이신 하나님을 믿는 자였습니다.

바울이 언급한 의는 하나님과의 바른 관계입니다. 하나님과 바른 관계가 맺어지면 절제는 저절로 수반됩니다. 우리말 절제는 종종 절약과 혼동됩니다. 그러나 성경이 말하는 절제는 절약이 아니라 아예 잘라 버리는 것입니다. 마약환자에게 절제하라는 것은 마약의 양을 줄이라는 것이 아니라, 마약에서 완전히 손을 떼라는 말입니다. 하나님과의 바른 관계가 맺어지면 이처럼 버릴 것을 주저 없이 버리고 끊을 것을 미련 없이 끊게 됩니다. 그런 삶을 살아가는 자는 하나님의 심판을 두려워할 까닭이 없습니다. 따라서 바울이 믿음의 요체를 의와 절제 그리고 심판으로 이해한 것은 탁월한 깨달음이 아닐 수 없습니다.

중요한 것은, 우리가 평소 하나님과 바른 관계 속에 거하기 위해서는 의와 절제와 심판을 우리 삶에 역순으로 적용해야 한다는 사실입니다. 하나님의 심판을 믿는 자만이 절제, 즉 버릴 것을 버릴 수 있습니다. 하나님을 믿는다면서도 버려야 할 것을 버리지 못하는 것은 결국 하나님의 심판을 믿지 못하기 때문입니다. 하나님께서는 심판자이시요, 모든 인간은 반드시 그분의 심판대 앞에 서야 함을 믿는 자는 언제든지 무엇이든 절제할 수 있습니다. 하나님의 심판을 믿으면서 절제할 것을 절제하는 자는 그 삶이 하나님과 바른 관계 속에 있게 마련입니다. 바울이 평생 의와 절제의 삶을 살 수 있었던 것은, 비늘 벗은 그가 하나님께서 심판자 되심을 알아뵜기 때문입니다. 이런 의미에서 하나님의 심판자 되심은 아무리 강조해도 지나침이 없을 것입니다.

믿지 않는 자에게 심판은 멸망입니다. 그러나 구원받은 자에게 심판은 하나님의 셈하심입니다. 마태복음 25장은, 하나님께서는 우리에게 맡겨 주신 물질과 시간 그리고 가능성 등을 무엇을 위해 어떻게 사용했는지 셈하는 분이심을 일러 주고 있습니다. 주님께서는 히브리서 11장 6절을 통해 정녕 바른 믿음의 사람이 되기 원한다면, 하나님께서 반드시 살아 계신다는 것과 상 주시는 분이심을 믿으라고 말씀하십니다. 물론 그 상의 근거는 하나님의 셈하심입니다. 하나님의 현존과 상 주심, 다시 말해 그분의 셈하심을 믿을 때에만 우리는 신앙의 안일주의에서 벗어날 수 있습니다.

많은 사람들이 성경을 근거로 인간의 평등을 주장합니다. 하나님께서 주신 인간 생명, 그 자체의 가치는 모두 똑같습니다. 그러나 하나님께서 주신 생명으로 어떤 삶을 살았는지, 인간 삶에 대한 하나님의 평가마저 평등한 것은 아닙니다. 창세기에서 요한계시록에 이르기까지 성경을 통틀어 평등이란 단어는 단 한 번도 사용되지 않았습니다. 성경은 우리에게 하나님께서는 평등(equality)의 하나님이 아니라 공평(equity)의 하나님이심을 가르쳐 주고 있습니다. 뿌린 대로 거두게 하시는 분, 심은 대로 거두게 하시는 분이 하나님이십니다. 하나님의 정의는 결코 평등이 아닙니다. 하나님의 정의는 언제나 공평입니다.

제네바 쁠렝빨레 광장 옆에 120년 된 예배당이 있습니다. 동네마다 예배당이 있지만, 이 예배당은 제네바 시가 문화재로 지정했을 정도로 아름다운 건물입니다. 그 아름다운 예배당 내부가 지난해 술집으로 개조되었습니다. 유럽에서는 예배당이 팔려 술집이나 여관으로 바뀌는 경우가 가끔 있기에, 빨렝빨레 예배당 내부가 술집으로 개조되었다는 것 자체는 그리 놀랄 일이 아닙니다. 그럼에도 놀라지 않을 수 없는 것은, 120년의 역사를 지닌 그 예배당 내부에 술집을 차린 당사자가 바로 그 교회의 담임목사였기 때문입니다. 목사가 예배당 안에 술집을 내었으니 좋은 뉴스거리였습니다. 제네바 일간지에 그 목사님의 인터뷰 기사가 실렸습니다. 왜 예배당 안에 술집을 차렸는지 묻는 기자의 질문에 그는 이렇게 답했습니다.

"오늘날 제네바의 젊은이들은 술집에서 살고 있습니다. 술독에 빠진 그들을 교회로 불러내기 위해서는 예배당 안에 술집을 차릴 수밖에 없지 않겠습니까?"

이런 논리라면 도박꾼을 구하기 위해서는 예배당에 도박장을, 창녀에 빠진 사람을 위해서는 예배당에 창녀촌을 개설해야 할 판입니다. 이것이 과연 하나님을 믿는 자의 온당한 사고일 수 있겠습니까?

수요성경공부를 끝낸 뒤, 제네바 한인교회 청년들과 그 술집 예배당을 찾아가 보았습니다. 예배당 중간을 붉은색 커튼으로 막고, 그 한쪽을 술집으로 꾸미고, 나머지 한쪽은 주일에 예배드리는 공간으로 남겨 두었습니다. 예배 공간이 흰색 페인트의 벽에 정상 조명인데 반해, 술집 공간은 핑크빛 페인트에 완전 술집 조명이었습니다. 그리고 스피커에서는 요란한 록 음악이 흘러 나오고 있었습니다. 술집이라기에는 너무나 어설프고, 교회라기에는 너무나 참담한 광경이었습니다. 결국 오래지 않아 그 술집은 망하고 말았습니다. 정말 술독에 빠진 술꾼이라면 그 어설픈 술집을 찾을 까닭이 없고, 정상적인 크리스천이라면 그 교회를 더 이상 다닐 리가 만무했습니다.

"나의 달려갈 길과 주 예수께 받은 사명, 곧 하나님의 은혜의 복음 증거하는 일을 마치려 함에는 나의 생명을 조금도 귀한 것으로 여기지 않는다"며 주님을 위해 자신의 생명마저 기꺼이 내어놓았던 사도 바울과, 술집에 빠진 젊은이들을 구해 낸다는 명분으로 예배당 안에 술집을 차리는 안이한 목사가 하나님으로부터 평등한 대우를 받는다면, 어찌 그 하나님께서 정의의 하나님이실 수 있겠습니까? 성경의 하나님께서는 심판자시요, 셈하시는 하나님이시며, 공평하신 하나님이십니다.

직장인들이 새벽부터 밤늦게까지 얼마나 열심히 일하는지 여러분은 알고 있습니까? 추운 겨울 군밤을 파는 아주머니가 가족을 부양하기 위해 얼마나 처절하게 살고 있는지 알고 있습니까? 저는 묻고 싶습니다. 새벽기도를 끝낸 뒤 다시 집에 가서 안일하게 잠을 자는 목사님들께 묻고 싶습니다.

"목사님은 기독교의 요체가 의와 절제와 심판임을 믿고 계십니까?"

교인들이 피땀을 흘리며 일하는 대낮에 집에 앉아 편히 쉬고 있는 목사님들께 묻고 싶습니다.

"목사님은 심판자 하나님을, 하나님의 셈하심을, 공평하신 하나님을 정말 믿으십니까?"

임마누엘 하나님

비늘 벗은 바울의 눈에 비친 하나님께서는, 그가 부정했던 예수 그리스도 안에서 당신을 계시하신 하나님이셨습니다. 갈릴리 빈민들과 더불어 사시고 비천한 제자들의 발을 씻기시며 인간을 섬기시던 나사렛 예수님의 삶을 통해, 하나님께서는 당신을 친히 계시해 보여 주셨습니다. 한 마디로 예수님이야말로 인간에게 당신을 보여 주시기 위해 이 땅에 직접 강림하신 하나님, 곧 임마누엘 하나님이셨습니다.

그래서 바울은 우리를 향해 이렇게 권면하고 있습니다.

> 내가 그리스도를 본받는 자 된 것같이 너희는 나를 본받는 자 되라 (고전 11:1)

그리스도를 본받았다는 바울의 말은 무슨 의미이겠습니까? 교인들로부터 대접받고, 존중과 위함 그리고 섬김을 받으며 산다는 의미이겠습니까? 결코 아닙니다. 인간을 섬기시러 이 땅에 오신 임마누엘 하나님을 본받아 살아간다는 의미였습니다. 그래서 그는 모든 사람들이 자신처럼, 임마누엘 하나님을 본받아 진정한 섬김과 봉사의 삶을 살아갈 것을 촉구하였습니다. 이처럼 인간을 섬기시는 임마누엘 하나님을 믿고 좇을 때에만, 우리의 섬김과 봉사는 공허한 구호로 끝나지 않을 수 있습니다. 서점에 가 보십시오. 섬김과 봉사의 현장을 지킨 사람들의 간증집이 홍수를 이루고 있습니다. 그것은, 교회 안에서는 더 이상 참된 섬김과 봉사를 보기 어렵다는 반증이 아니겠습니까? 십자가가 세워져 있는 교회마다 진정한 섬김과 봉사가 행해지고 있다면 구태여 그런 책이 왜 필요하겠습니까?

스위스는 칼뱅과 츠빙글리라는 위대한 종교개혁자를 배출한 나라지만, 현재 스위스 국민 가운데는 가톨릭 신자가 더 많습니다. 스위스 정부 통계에 의하면 개신교 신자는 전 국민의 42퍼센트인 반면, 가톨릭 신자는 47퍼센트나 됩니다. 이를테면 가톨릭의 영향력이 더 큰 셈입니다. 그런가 하면 제가 살고 있는 제네바에서 자동차로 10분 거리인 프랑스와 두 시간 거리의 이탈리아는 아예 가톨릭 국가입니다. 그래서 그곳에서 살면서 많은 생각을 하게 됩니다.

지난 12월 24일 밤 12시, 로마 교황이 집전하는 성탄자정미사가 텔레비전을 통해 전 유럽에 생방송되었습니다. 예배에 소요된 시간은 정확하게 두 시간이었습니다. 그동안 가톨릭 미사에 몇 번 참석한 적은 있지만, 두 시간에 걸쳐 교황이 집전하는 미사를 텔레비전을 통해서나마 끝까지 지켜본 것은 처음이었습니다. 그때에도 참 많은 것을 생각했습니다. 개신교 예배가 본받아야 할 부분이 있는가 하면, 받아들이기 힘든 부분도 많았습니다. 얼마 전 교황이 이스라엘 성지를 방문했을 때 그분의 언행은 그분이 뛰어난 종교지도자임을 재확

인시켜 주었습니다. 이렇듯, 교황은 누가 뭐래도 존경할 세계적 종교 지도자임엔 틀림없습니다. 그러나 결코 이해할 수 없는 것은, 왜 그분이 왕의 옷을 입어야 하느냐는 것입니다. 대체 왕관을 쓰지 않으면 왜 안 되는 것입니까? 로마 가톨릭 교황이 교황으로 취임할 때 쓰는 왕관에 박힌 보석의 총액은, 현 교황인 요한 바오로 2세가 교황에 취임한 1978년 당시 시가로 무려 65억 원에 이른다고 합니다. 왜 인간을 섬겨야 할 목회자에게 그런 천문학적 액수의 왕관이 필요한 것입니까? 왜 목회자가 거대한 왕궁에서 살아야만 하는 것입니까?

작년 12월 베네수엘라에 대홍수가 났습니다. 온 국토가 초토화되었고, 죽은 자만도 수만 명에 이르렀습니다. 아시다시피 베네수엘라는 가톨릭 국가입니다. 신앙적으로 교황의 관할하에 있는 나라에서 엄청난 재난이 발생한 것입니다. 물론 유럽 전역에 방영되는 유로 뉴스 역시 그 처참한 재난의 현장을 생생하게 보여 주었습니다. 그런데 그 보도 직후에 이어진 뉴스 화면이 무엇이었는지 아십니까? 교황이 그날 새로 구입한 전용 승용차를 시승하는 장면이었습니다. 그 전용차는 독일 벤츠사가 교황을 위해 특별 제작한 것이었습니다. 자동차의 지붕은 사람의 키보다 낮기에 대통령도 자동차를 타기 위해서는 반드시 몸을 굽혀야 합니다. 그러나 새로 제작된 교황의 전용차는 몸을 굽힐 필요가 전혀 없었습니다. 교황 문양이 금빛을 발하는 교황 전용차가 교황 앞에 멈추자 비서가 자동차 뒷문을 열었습니다. 그와 동시에 자동차의 지붕이 자동으로 열리는 것이었습니다. 교황은 등을 꼿꼿이 세운 채로 뒷좌석에 앉았습니다. 그러자 지붕이 다시 자동으로 닫혔습니다. 세계 유일의 초강대국인 미국 대통령 전용차도 그 차 앞에서는 대수롭지 않게 여겨질 정도였습니다. 자동차가 움직이기 시작하자 교황은 창문을 열고 보도진들을 향해 손을 흔들며 흡족한 미소를 지었습니다. 그날은 가톨릭 국가인 베네수엘라가 홍수의 대재난을 당한 날이었습니다. 유럽의 모든 텔레비전과 신문이 그 재난을 톱으로 보도하고 있었습니다. 그러나 전 세계 가톨릭교회 수장인 교황은 자신의 양 떼 수만 명이 지구 반대편에서 떼죽음 당하며 고통당하는 그 순간, 왕의 옷을 입고 미국 대통령 전용차보다 더 고급스런 전용차의 시승을 즐기고 있었습니다.

교황이 공식 문서에 서명할 때, 교황의 공식 직함은 '그리스도의 종의 종' 입니다. 이 문서를 받는 너는 그리스도의 종이고, 교황인 나는 너의 종이라는 말입니다. 한마디로 모든 인간의 종이란 의미입니다. 그 왕관에, 그 왕복에, 그 왕궁에, 그 전용차를 타면서, 과연 그리스도의 종의 종으로서 만인을 위한 참된 섬김과 봉사가 가능할 수 있겠습니까? 저는 그분에게 묻고 싶습니다.

"교황님은 갈릴리 빈민촌에서 빈민들과 더불어 사시며 그들을 섬기셨던 예수님께서 임마누엘 하나님이심을 믿고 계십니까?"

저는 스물다섯 살 때, 다니던 교회에서 서리집사가 되었습니다. 그 이전까지 교회에서 제 자리는 항상 교인석이었습니다. 교인석은 늘 은혜가 넘쳤고, 그 은혜의 자리를 지키는 한, 교회는 그저 아름다운 신앙 공동체였습니다. 그러나 집사가 된 후 교인석을 너머 교회의 실상을 들여다보기 시작하면서 얼마나 자주 실망했는지 모릅니다.

어느 해 부흥회 때의 일입니다. 강사는 전국적으로 알려져 있는 유명 목사님이었습니다. 역시 명성에 걸맞게 그 목사님은 집회기간 내내 교인들을 감동시켰습니다. 주님을 위해 포기하라, 버리라, 부인하라는 그분의 메시지는 자기중심적으로 살던 교인들의 폐부를 찔렀고, 많은 교인들이 새로운 삶을 결단했습니다. 그러나 부흥회가 끝난 뒤, 강사 목사님이 받아 간 사례금의 액수를 보고 얼마나 충격을 받았는지 모릅니다. 단 사흘 집회에 일반인의 한 달분 봉급보다 월등히 높은 금액의 사례금을 받아 갔다면, 그분이 강단 위에서 주님을 위해 버리고 포기하라 설교한 것은 사기극에 지나지 않는다는 생각을 지울 수가 없었습니다. 그런 내용의 설교를 타 교회 부흥집회에서 하려면, 자신부터 부흥집회와 관련된 사례금을 먼저 포기함이 마땅하지 않겠습니까? 그분은 큰 교회의 유명 목사님이었습니다. 분명 당신이 목회하는 교회에서 상당 액수의 봉급을 받을 것입니다. 그런데도 그분은 단 며칠의 집회에 엄청난 금액의 사례비를 받아 가면서도 교인들에겐 집회 내내 포기하고 버릴 것을 설교하였습니다.

저는 그런 목사님들께 묻고 싶습니다.

"목사님은, 너희가 거저 받았으니 거저 주어라 하신 예수님의 말씀이 임마누엘 하나님의 말씀임을 정말 믿으십니까?"

예수원의 대천덕 신부님은, 교인들로부터 정말 존경받는 목사가 되기 원한다면 조금만 가난하게 살라고 권합니다. 100원을 얻을 능력이 있어도 80원으로 만족하며 살라는 것입니다. 이유는 간단합니다. 인간의 욕심엔 끝이 없기 때문입니다. 100원의 능력을 가진 자가 100원을 모두 얻어 즐기는 순간, 그는 곧 200원의 노예로 전락하고 맙니다. 목사가 그렇게 살아서야 일반 교인과 무슨 차이가 있을 수 있겠습니까? 그 경우 교인보다 오히려 목사가 훨씬 더 추해 보일 것은 불을 보듯 뻔하지 않습니까?

여러분께 간곡히 당부드립니다. 여러분 가운데는 경제적으로 어려운 분들도 있을 것입니다. 혹 어디 가서 설교하였을 때 사례비를 지급해 주면, 하나님의 손길로 여기고 겸손하고 감사한 마음으로 받으십시오. 그러나 일단 전임목회자로 목회지가 결정되어 매달 봉급을 받게 되면, 타 교회에서 설교나 집회를 요청할 경우 사례비를 사양하십시오. 거저 받은 은혜를 그 교회 교우님들과 거저 나누십시오. 여러분의 전임목회지에서 받는 봉급을 족하게 여기십시오. 이스라엘 백성의 회개를 촉구한 세례 요한의 설교 내용이 "받는 요(料)를 족한 줄로 알라"(눅 3:14)는 것이었음을 일평생 잊지 마십시오. 그래야 청정한 영혼을 견지할 수 있습니다. 만약 여러분의 전임목회지에서 받은 요를 족한 줄로 여기지 않는다면, 여러분은 결코 참된 섬김과 봉사의 목회자가 될 수 없습니다. 자신의 요를 족한 줄로 여기지 않는 목회자의 섬김과 봉사란, 교인의 주머니를 노리는 미끼에 지나지 않습니다.

인간의 모습으로 이 땅에 오시어 십자가 위에서 당신을 버리시기까지 인간을 섬기신 예수님, 그분이 임마누엘 하나님이심을 믿는 자만 그분을 본받아 봉사와 섬김의 삶을 살면서, 내가 그리스도를 본받는 자 된 것같이 너희는 나를 본받는 자 되라고 설교할 수 있습니다.

자신의 재발견

지금까지 살펴본 것처럼 바울은 자신의 눈에서 비늘이 벗어진 뒤에야 비로소 하나님을 바로 뵐 수 있었습니다. 이를테면 그동안 바울의 눈에 씌어 있던 비늘은 하나님을 가리는 장막이었던 셈입니다. 또한 비늘 벗은 눈으로 하나님을 만난 바울은, 그제야 하나님 앞에서 자신의 실상을 똑바로 볼 수 있었습니다. 따라서 바울이 뒤집어쓰고 있던 비늘은 하나님을 가리는 장막이자, 자신으로부터 자신을 가리는 자기 장막이기도 했습니다. 그러므로 비늘 벗은 바울은 하나님과 자신의 실상을 동시에 보고, 찾게 된 것입니다.

비늘을 벗기까지 그는 사울이었습니다. 그는 출중한 가문 출신에, 학력과 경력 어느 면에서도 빠지지 않았습니다. 그의 히브리 이름인 '사울'의 어원은 '희망'이란 뜻이었습니다. 게다가 사울은 자신과 같은 베냐민 지파로 이스라엘 초대 왕의 이름이기도 했습니다. 그는 자신의 능력이라면 사울 왕과 같은 민족의 희망이 될 수 있으리라 스스로 믿었던 자임에 틀림없습니다. 그러나 하나님과 자신을 가렸던 비늘을 벗어던진 사울은 스스로 바울이 되었습니다. 바울의 어원은 '작다' '단념하다'는 의미입니다. 스스로 큰 자라 여기며 민족의 희망이 되리라 자만하던 사울은, 하나님 앞에서 지극히 작은 자임을 자각하고 교만하던 옛 삶을 단념한 것입니다. 비늘을 벗음으로 자신과 자기 삶의 자리를 바로 찾은 것입니다. 그 결과 예전에 수많은 자랑거리를 뽐내며 살던 그가, 스스로 '만삭되어 태어나지 못한 자와 같다'(고전 15:8)고 겸비하게 고백하기에 이르렀습니다. 비늘 벗지 않은 사울이라면 상상조차 불가능한 겸손이었습니다.

70년대 초 대학을 졸업하고 외국인 회사에서 근무할 때입니다. 한국을 방문한 본사 고문 변호사가 조선호텔에서 식사하던 중 갑자기 심장마비로 죽었습니다. 한국에서 남편이 객사했다는 비보를 접한 본국 아내의 충격이 얼마나 컸겠습니까? 그녀는 자신이 한국에 나올 엄두가 나지 않으니 하루 속히 남편의 시신을 본국으로 보내 달라고 했습니다. 단, 타살이 아니라는 의사의 확인서를 반드시 받아 달라는 요청을 덧붙였습니다. 그와 관련된 제반 업무가 제게 떨어졌습니다. 조선호텔에서 명동 성모병원으로 시신을 옮겨 의사의 확인서를 받은 뒤, 그곳 영안실에서 염을 하고 관에 안치하였습니다. 그리고 이튿날, 영구차에 관을 싣고 김포공항으로 갔습니다. 그런데 관을 내린 곳은 김포공항 여객청사 뒤편에 있는 화물하치장이었습니다. 그곳에 있는 대형 저울 위에 관을 올려 무게를 잰 뒤, 무게에 따른 항공화물비를 치렀습니다. 그리고 그 관은 비행기 밑바닥 화물칸에 실려 본국으로 돌아갔습니다. 올 때는 승객 좌석에 그것도 일등석 좌석에 앉아서 왔는데, 죽고 나니 갈 때는 화물로밖에 취급되지 않았습니다.

작년 9월 20일 독일 뮌스터 병원에서, 고르바초프 전 소련 서기장의 부인 라이사 여사가 암으로 죽었습니다. 눈물겨운 간호로 온 세계를 감동시켰던 남편 고르바초프의 헌신적인 사랑을 마다하고 그녀는 끝내 세상을 떠나고 말았습니다. 이튿날인 9월 21일, 당시 러시아 대통령이었던 옐친은 고르바초프와 정적 사이였음에도 그를 위해 특별기를 보내 주었고, 고르바초프는 그 비행기에 아내의 유해를 싣고 독일을 떠났습니다. 유로 뉴스는 그 비행기의 모스크바 공항 도착 장면을 중계해 주었습니다. 비행기 문이 열리고 초췌한 얼굴의 고르바초프가 딸과 함께 트랩을 내려오자, 많은 기자들이 몰려들어 질문공세를 펼쳤습니다. 그 질문에 답하는 고르바초프의 얼굴이 계속 텔레비전 화면 중앙을 차지하고 있었습니다. 그러나 제 시선은 화면의 한쪽 끝, 그러니까 비행기 뒤쪽에 고정되었습니다. 공항 직원들이 비행기 뒤꽁무니 화물칸 문을 열고 라이사 여사의 관을 내리는 장면이 보였기 때문입니다. 라이사 여사는 소련이 미국과 세계를 양분하던 시절 소련 제1인자의 아내였습니다. 말하자면 세계 최고의 권력 최정상을 차지했던 여인이었습니다. 그러나 그런 사람도 죽고 나니 화물에 지나지 않았습니다.

생명이 대체 무엇입니까? 내가 지금 숨을 쉬고 있는 것, 이것이 생명입니다. 죽음이란 더 이상 숨을 쉬지 못하는 것입니다. 숨이 멎으면 모든 것이 끝나 버리고 맙니다. 오죽하면 이사야 선지자가, '너희는 인생을 의지하지 말라 그의 호흡은 코에 있나니 수에 칠 가치가 어디 있느뇨'(사 2:22)라고 했겠습니까? 생명도, 죽음도, 코끝에 달려 있습니다. 비행기를 탈 때 코끝에 호흡이 붙어 있으면 사람입니다. 그러나 그 호흡이 멎으면 이내 화물로 전락합니다. 이것이 인생입니다.

작년에 그리스와 터키, 대만 등에서 대지진이 연이어 일어났습니다. 그로 인해 수많은 사람들이 죽었습니다. 그 현장을 보도하는 텔레비전 화면을 통해서도 중요한 사실을 확인할 수 있었습니다. 구조대원들이 며칠씩 밤낮을 가리지 않고 무너진 건물의 잔해에 매몰된 사람들을 수색합니다. 극적으로 찾아낸 사람 코끝에 호흡이 붙어 있으면 즉시 하얀 모포를 씌우고 앰뷸런스에 태워 병원으로 급송했습니다. 그러나 아무리 어렵게 찾아낸 사람일지라도 그 코끝에 호흡이 없으면, 어김없이 시커먼 대형 쓰레기 비닐 속에 그 시체를 수습하였습니다. 그리스나 터키 어디서나 마찬가지였습니다. 인생이 대체 무엇입니까? 코끝의 호흡이 멎으면 대형 쓰레기에 불과한 것, 이것이 인생입니다.

어느 날, 고작 화물이나 대형 쓰레기로 불현듯 끝나 버릴 인생이 대체 하나님 앞에서 무엇을 안다 말하겠으며, 무엇을 할 수 있다 장담하겠습니까? 현존자요, 영원자요, 전능자요, 절대자시며, 심판자이신 임마누엘 하나님께서 나와 함께해 주시지 않는다면 어찌 단 1초인들 제대로 살 수 있겠습니까? 오직 나의 눈을 가리고 있는 비늘을 벗어던지고 하나님과 나 자신의 실상을 바로 보고 깨달을 때에만, 허황되고 가식적인 모든 구호와 집착에서 벗어나 이 세상을 새롭게 하는 진정한 섬김과 봉사의 종이 될 수 있습니다.

사라지지 않는 인생

비늘 벗은 한 사람에 의해 역사가 새로워진다는 것, 이것이 사도행전의 본문이 주는 메시지입니다. 천지를 창조하신 하나님께서 비늘 벗은 자를 당신의 도구로 쓰시기 때문임은 두말할 나위도 없습니다.

1994년은 제 안식년이었습니다. 그해 벽두, 아이들과 함께 선산을 찾았고, 가는 길에 부산 해운대에서 하루를 묵게 되었습니다. 1월 초 한겨울 날씨는 매섭기 그지없었지만, 아이들은 해운대에 도착하기 무섭게 소리소리 지르며 파도와 술래잡기를 하느라 정신이 없었습니다. 해운대 바닷가는 제가 대학생 때 여름방학이면 으레 친구들과 어울려 놀던 곳입니다. 파도 속에서 소리를 지르기도 하고, 모래사장에서 시를 읊조리거나 노래를 부르면서 말입니다. 이를테면 그곳은 제 젊음을 노래하고 뽐내던 곳이었습니다. 그로부터 20여 년이 흘러 똑같은 장소에서 이번에는 제 아이들이 소리를 지르며 놀고 있습니다. 모래사장도, 바다도, 하늘도, 모두 다 예전 그대로입니다. 그러나 보이지 않는 것이 있었습니다. 20대의 저 자신이 보이지 않는 것이었습니다. 그땐 분명히 제가 거기에 있었건만, 그때의 제가 지금은 거기에 없는 것이었습니다. 그날 밤 숙소의 유리창을 통해 해운대의 밤하늘을 쳐다보며 저는 저 자신에게 수없이 반문했습니다. 그때의 나는 대체 어디로 사라져 버렸단 말인가!

1998년 제네바로 건너간 저는 틈이 나는 대로 암스테르담을 찾아가 보리라 마음먹었습니다. 1972년 난생처음으로 유럽에 발을 디뎠던 곳이 암스테르담 스키폴 공항이었기 때문입니다. 마침 작년 말 베를린을 다녀오는 길에 암스테르담에서 비행기를 갈아타게 되었습니다. 27년 전에 비해 스키폴 공항은 엄청나게 확장되어 있었습니다. 공항 관계자에게 1972년 당시의 청사 위치를 확인, 그곳을 찾아간 저는 복도 의자에 앉았습니다. 그날 역시 27년 전처럼 수많은 승객들이 바쁜 걸음으로 제가 앉아 있는 복도를 지나갔습니다. 저는 그 승객들 틈에서 저를 찾기 시작했습니다. 그러나 27년 전의 저는 보이지 않았습니다. 그때까지만 해도 유럽에 전혀 알려져 있지 않던 극동의 작은 나라를 출발, 스물네 살의 나이에 청운의 꿈을 안고 설레는 마음으로 유럽에 첫발을 디뎠던 그때의 나는 대체 어디로 갔는가? 그때의 나는 영영 사라지고 말았단 말인가?

아닙니다. 그때의 저는 지금의 저 자신 속에 고스란히 남아 있습니다. 30년 전 해운대에서 젊음을 노래하던 20대 청년의 저 역시 이 순간의 제 속에 생생하게 살아 있습니다.

인생을 거창하게 생각하지 마십시오. 여러분을 스쳐 지나가는 1초

1초가 쌓여서 인생이 됩니다. 여러분을 스쳐 가는 1초 1초는 이내 사라지고 말지만, 동시에 여러분의 삶 속에 축적, 반드시 살아남습니다. 이처럼 여러분의 청년 시절 또한 순식간에 사라져 버리겠지만, 그러나 여러분의 미래 속에 지워도 지워지지 않는 흔적으로 또렷이 각인되어 남을 것입니다.

이 사실을 믿는다면, 이제부터 비늘 벗은 사람으로 살아가십시오. 비늘 벗은 눈으로 하나님과 여러분 자신을 직시하며, 하나님께 여러분의 삶을 온전히 의탁하십시오. 여러분을 스쳐 가는 1초 1초는 주님 안에서 참된 섬김과 봉사의 삶으로 축적, 여러분은 이 시대의 진정한 목회자가 될 것입니다.

....

주님, 그동안 나의 눈에 끼어 있던 비늘을 이 시간에 벗겨 주심을 감사드립니다. 비늘 벗은 눈으로 하나님과 나 자신을 바로 직시하게 하옵소서. 언제나 나와 함께하고 계신 하나님에 대한 통찰력으로부터 나의 영성이 시작됨을 잊지 말게 하옵소서.

비늘 벗은 눈으로 현존자 하나님, 영원자 하나님, 전능자 하나님, 절대자 하나님, 심판자 하나님, 예수 그리스도 안에서 당신을 계시하신 임마누엘 하나님에 대한 올곧은 믿음을 심화시켜 가게 하옵소서.

비록 어제까지는 사울 같았을지라도, 오늘부터는 바울처럼 살아가게 하옵소서. 비늘 벗은 나의 삶이, 보이지 않는 하나님을 세상에 비추는 진리의 거울이 되게 하옵소서. 비늘 벗은 눈으로 살아가는 나의 오늘로 말미암아 나의 내일이 참된 섬김과 봉사의 삶, 진정한 목회자의 삶으로 영글게 하옵소서. 예수님의 이름으로 기도드립니다. 아멘.

3
성전의 사람

여자가 가로되 주여 내가 보니 선지자로소이다 우리 조상들은 이 산에서
예배하였는데 당신들의 말은 예배할 곳이 예루살렘에 있다 하더이다 예수
께서 가라사대 여자여 내 말을 믿으라 이 산에서도 말고 예루살렘에서도
말고 너희가 아버지께 예배할 때가 이르리라 너희는 알지 못하는 것을 예
배하고 우리는 아는 것을 예배하노니 이는 구원이 유대인에게서 남이니라
아버지께 참으로 예배하는 자들은 신령과 진정으로 예배할 때가 오나니
곧 이때라 아버지께서는 이렇게 자기에게 예배하는 자들을 찾으시느니라
하나님은 영이시니 예배하는 자가 신령과 진정으로 예배할지니라

요 4:19-24

너희가 하나님의 성전인 것과 하나님의 성령이 너희 안에 거하시는 것을
알지 못하느뇨 누구든지 하나님의 성전을 더럽히면 하나님이 그 사람을
멸하시리라 하나님의 성전은 거룩하니 너희도 그러하니라 고전 3:16-17

성전의 초토화

다마스쿠스 도상에서 사울의 눈에 씌어 있던 비늘이 벗겨졌습니다. 그것은 하나님을 가리는 비늘인 동시에 자기 자신을 가린 비늘이었습니다. 그러나 그게 다가 아니었습니다. 그 비늘은 성전을 가리는 비늘이기도 했습니다.

예루살렘 성전은 예수님께서 이 땅에 오시기 천 년 전, 다윗의 아들인 솔로몬 왕에 의해 지어졌습니다. 솔로몬은 예루살렘 성전 건축에 필요한 목재로 당시 최고 품질의 레바논 백향목을 사용했는데, 그 벌목을 위해 동원한 군인의 수가 무려 3만 명이었습니다. 석재를 확보하기 위한 채석공의 수는 8만 명이었고, 성전 공사 현장에 투입된 인원은 7만 명이었습니다. 그 모든 인부를 감독하는 감독관의 숫자

만도 3,300명이나 되었습니다. 따라서 예루살렘 성전은 18만 3,300
명에 달하는 인원이 장장 7년에 걸쳐 완공한 대역사였습니다. 2천 년
전 예수님 시절의 예루살렘 성전은 이스라엘 백성의 환심을 사려는
헤롯 왕가의 대대적인 보수를 거쳤기에, 모든 면에 걸쳐 예전에 비해
더욱 화려하고 웅장했습니다. 가히 이스라엘의 심장이요, 이스라엘
민족의 자존심이었습니다.

마가복음 13장에는 바로 그 웅대한 예루살렘 성전에서 예수님과
제자들이 나눈 대화 내용이 기록되어 있습니다. 이스라엘 변방 갈릴
리 출신 제자들의 눈에 비친 예루살렘 성전은 그야말로 감동 그 자체
였습니다. 제자 중 한 사람이 주님을 향해 감탄사를 터트렸습니다.

> "선생님, 보십시오. 얼마나 굉장한 돌입니까! 얼마나 굉장한
> 건물들입니까!"(막 13:1하 표준새번역)

이에 대해 주님께서는 지극히 차분한 어조로 말씀하셨습니다.

> "너는 이 큰 건물들을 보고 있느냐? 여기에 돌 하나도 돌 위
> 에 남지 않고 다 무너질 것이다."(막 13:2하 표준새번역)

이스라엘 사람들은 예루살렘 성전을 '하나님의 집' 이라 불렀습니
다. 하나님께서 그 속에 계신다고 믿었기 때문입니다. 예수님께서는

성자 하나님이십니다. 그렇다면 예루살렘 성전은 예수님의 집이기도 합니다. 하지만 예수님께서는 그 웅대하고 화려한 성전을 조금도 기뻐하시지 않았습니다. 오히려 돌 위에 돌 하나도 남지 않을 것이라고, 성전이 초토화될 것을 예언하셨습니다. 이스라엘 백성들이 하나님의 집이라고 확신하던 바로 그 성전 안에서 말입니다. 예수님의 그 말씀은 그로부터 40년이 지나 로마 제국에 의해 역사적 사실로 입증되었습니다. 로마 제국의 티투스 장군이 예루살렘 성전을 철저하게 초토화시켜 버린 것입니다.

소위 '통곡의 벽'이란 이름으로 아직까지 남아 있는 돌벽은 예루살렘 성전 건물의 일부가 아닙니다. 그것은 성전 마당 아래쪽을 받치고 있던 서쪽 축대의 일부일 뿐입니다. 그 위쪽에 위용을 자랑하던 예루살렘 성전은 돌 위에 돌 하나 남기지 않고 완전무결하게 사라져 버리고 말았습니다. 대신 그 자리에는 이슬람 교도들이 생명처럼 소중히 여기는 이슬람교 황금사원이 서 있습니다.

예루살렘 성전을 초토화시킨 티투스 장군은 약 7만 명에 달하는 유대인 포로를 끌고 로마로 금의환향하였습니다. 그리고 그들을 동원하여 건축한 것이 오늘날 로마가 전 세계적으로 자랑하는 콜로세움 원형경기장이었습니다. 후에 황제가 된 티투스 장군, 원형경기장을 건축한 유대인 포로를 동원하여 원형경기장 옆에 자신을 위한 개선문을 세우기도 했습니다.

주님께서는, 하나님의 허락 없이는 참새 한 마리도 떨어지지 않는다고 말씀하셨습니다. 그렇다면 예루살렘 성전의 초토화와 이스라엘 백성들이 당한 수모 역시 하나님의 허락 없이는 결코 가능한 일이 아니었음을 알게 됩니다.

성전의 재발견

예루살렘 백성들이 하나님의 집이라 믿어 의심치 않았던 예루살렘 성전의 초토화를 정작 하나님께서 허락하시고, 그 속에서 하나님을 믿노라 스스로 자부하던 이스라엘 백성들이 수모의 이역 땅으로 끌려가도록 내버려 두신 이유가 무엇이었겠습니까? 예루살렘 성전의 역사를 살펴보면 그 해답을 얻게 됩니다.

본래 예루살렘 성전 건축을 계획했던 사람은 솔로몬의 아버지 다윗이었습니다. 다윗의 계획을 아신 하나님께서 친히 다윗에게 말씀하셨습니다.

"그러나 나는, 이스라엘 자손을 이집트에서 데리고 올라온 날로부터 오늘에 이르기까지, 어떤 집에서도 살지 않고, 오직 장막이나 성막에 있으면서, 옮겨 다니며 지냈다. 내가 이스라엘 온 자손과 함께 옮겨 다닌 모든 곳에서, 내가 나의 백성 이스라엘을 돌보라고 명한 이스라엘 그 어느 지파에게도, 나에게 백향목 집을 지어 주지 않은 것을 두고 말한 적이 있

느냐?"(삼하 7:6-7 표준새번역)

하나님의 이 말씀 중에서 중요한 단어는 '옮겨 다녔다'는 동사로, 하나님께서는 이 동사를 두 번이나 반복하셨습니다.

예루살렘 성전을 짓기 전 이스라엘 백성들은 성막을 메고 다니면서, 어느 곳이든 머무는 곳에 성막을 세우고 그 속에서 하나님께 제사를 드렸습니다. 그 성막이야말로 이스라엘 백성과 동행하시며 그들이 가는 대로 옮겨 다니시는 현존자 하나님의 상징이었습니다. 그러므로 하나님께서는, 나는 너희들과 함께 어디든 옮겨 다니는 현존자이므로 붙박이 성전은 필요 없다고 말씀하신 것이었습니다.

그 이후 다윗의 아들 솔로몬이 예루살렘 성전을 건축했습니다. 그성전은 더 이상 옮겨 다닐 수 있는 성막이 아니었습니다. 예루살렘에 고정된 붙박이 성전이었습니다. 그 성전을 완공한 솔로몬은 하나님께 성전을 봉헌하며 이렇게 기도드렸습니다.

하나님이 참으로 땅에 거하시리이까 하늘과 하늘들의 하늘이라도 주를 용납지 못하겠거든 하물며 내가 건축한 이 전이오리이까(왕상 8:27)

성전을 건축한 솔로몬은 분명히 알고 있었습니다. 무소부재하신 하나님, 하늘과 하늘들의 하늘이라도 온전히 수용할 수 없는 하나님

께서 자신이 건축한 붙박이 성전 안에 갇혀 계실 분이 아니심을 그는
확실하게 알고 있었습니다. 그럼에도 그가 하나님을 위한 붙박이 성
전을 세운 것은 하나님께서 그곳에만 계신다는 오해로 인함이 아니
라, 성전이란 특정 공간에서 이루어지는 하나님과의 교제를 통해 이
스라엘 백성들이 성전 밖 일상생활 속에서 현존자 하나님과 동행하
기를 바랐기 때문입니다. 이것이 성전 봉헌식이 끝난 뒤, 그 자리에
운집해 있던 이스라엘 백성들을 향해 솔로몬이 다음과 같이 권면한
까닭입니다.

> 그런즉 너희 마음을 우리 하나님 여호와와 화합하여 완전케
> 하여 오늘날과 같이 그 법도를 행하며 그 계명을 지킬지어다
> (왕상 8:61)

예루살렘 성전에서 드리는 제사를 통해 이스라엘 백성들의 마음이
하나님과 화합, 그들로 하여금 현존자 하나님의 말씀을 좇아 살게 해
주는 것, 이것이 솔로몬이 붙박이 성전을 건축한 참된 동기였습니다.
그리고 4백 년의 세월이 흐른 후, 하나님께서 친히 예루살렘 성전을
가리켜 충격적인 말씀을 하셨습니다.

> 너희는 이것이 여호와의 전이라, 여호와의 전이라, 여호와의
> 전이라 하는 거짓말을 믿지 말라 (렘 7:4)

사람들은 그 웅장한 건물을 가리켜 여전히 여호와의 전, 즉 하나님의 집이라 불렀습니다. 그러나 하나님께서는, 그 건물이 여호와의 전이란 것은 새빨간 거짓말이므로 믿지 말 것을 언명하셨습니다. 대체 그 이유가 무엇이겠습니까? 이스라엘 백성들에게 예루살렘 성전 자체가 이미 우상이 되어 있었습니다. 세월의 경과와 더불어 그들은 성전 건축의 동기를 망각, 무소부재하신 여호와 하나님을 예루살렘 성전 안에 가두어 두고 있었습니다. 이 넓고 넓은 천지 가운데, 하나님께서 성전 안에만 계시는 것으로 단정해 버린 것입니다. 그 결과 하나님께서 계신다고 믿는 성전 안에서의 그들의 삶과, 상대적으로 하나님께서 부재하시는 것으로 여기는 성전 밖에서의 삶이 일치될 수 없었습니다. 성직자에서부터 일반 교인에 이르기까지 하나님 보시기에 그들은 모두 외식하는 자들이었고, 그들에 의해 좌지우지되는 성전은 강도의 굴혈에 지나지 않았습니다. 하나님의 집이기는커녕 도리어 하나님을 가로막는 장애물이요, 반드시 타파해야 할 백해무익한 우상일 뿐이었습니다.

　오늘의 본문인 요한복음 4장에는 주님과 사마리아 수가 성 여인의 대화 내용이 나타나 있습니다. 주님을 만난 사마리아 여인이 주님께 물었습니다.

> 우리 조상들은 이 산에서 예배하였는데 당신들의 말은 예배할 곳이 예루살렘에 있다 하더이다 (요 4:20)

'이 산' 이란 사마리아에 있는 그리심산을 의미합니다. 그 산은 솔로몬의 사후, 이스라엘 왕국이 남북으로 분단된 이래 북쪽 사람들이 하나님께 제사 드리던 곳이었습니다. 반면에 남쪽에 속한 유대인들은 변함없이 남쪽에 위치한 예루살렘 성전에서 제사를 드렸습니다. 이처럼 남북 간 제사의 중심지가 다르다 보니 사람들 사이에는 과연 어느 곳에서 드리는 제사가 유효한가, 다시 말해 하나님께서는 어느 곳에 계시는가라는 질문이 대두되었고, 본문의 사마리아 여인 역시 이에 대해 주님께 여쭈었던 것입니다. 따라서 여인의 질문에 주석을 가하자면 다음과 같은 의미입니다.

주님, 그리심산에서 드리는 제사가 진짜입니까? 아니면 유대인들이 말하는 예루살렘 성전에서 드려야 진짜입니까? 어느 곳에서 예배를 드려야 하나님께서 받으시는 것입니까? 두 장소 중 하나님께서는 대체 어느 곳에 계시는 것입니까?

당시의 모든 이스라엘 백성들이 그랬듯이, 이 여인 역시 하나님께서 특정 장소에 국한해 계신 분으로 오해하고 있습니다. 이를테면 신앙 행위를 특정 공간의 문제로만 인식한 것이었습니다. 주님께서는 여인의 질문에 다음과 같이 대답해 주셨습니다.

······여자여 내 말을 믿으라 이 산에서도 말고 예루살렘에서

도 말고 너희가 아버지께 예배할 때가 이르리라 너희는 알지 못하는 것을 예배하고 우리는 아는 것을 예배하노니 이는 구원이 유대인에게서 남이니라 아버지께 참으로 예배하는 자들은 신령과 진정으로 예배할 때가 오나니 곧 이때라 아버지께서는 이렇게 자기에게 예배하는 자들을 찾으시느니라 하나님은 영이시니 예배하는 자가 신령과 진정으로 예배할지니라(요 4:21-24)

주님께서는 명료하게 말씀하셨습니다. 이 산도 아니고 예루살렘 성전도 아니라고 말입니다. 한마디로 말해 믿음은 특정 공간의 문제가 아니라, 인간 중심의 문제라는 것입니다. 인간의 중심이 신령과 진정으로 하나님을 향해 있으면 그가 어디에 있든 하나님께서 그와 함께 계시고, 바로 그곳이 곧 하나님의 성전이며, 그곳에서 드리는 예배가 진정한 예배라는 것입니다. 영이신 하나님께서는 시간과 공간을 초월하시는 무소부재의 하나님이시기 때문입니다.

주님의 이 말씀은, 예수님께서 이 땅에 오셔서 비로소 인간들에게 일깨워 주신 혁명적인 발상이 전혀 아니었습니다. 이것은 창세기부터 내려오는 하나님의 일관된 메시지입니다.

형 에서를 속인 야곱이 자신을 죽이려는 에서의 칼날을 피해 황급히 하란으로 도망갈 때의 일입니다. 허허벌판에서 피곤에 지쳐 돌베개를 베고 잠을 자던 중 하나님을 뵈었습니다. 그리고 잠에서 깨어나

자마자 다음과 같이 고백하였습니다.

> ……여호와께서 과연 여기 계시거늘 내가 알지 못하였도다
> 이에 두려워하여 가로되 두렵도다 이곳이여 다른 것이 아니
> 라 이는 하나님의 전이요 이는 하늘의 문이로다 하고 야곱이
> 아침에 일찍이 일어나 베개 하였던 돌을 가져 기둥으로 세우
> 고 그 위에 기름을 붓고 그곳 이름을 벧엘이라 하였더라……
> (창 28:16-19)

야곱은 '여호와께서 과연 여기 계시거늘 내가 알지 못하였도다'
하고 외쳤습니다. 하나님께서 그 허허벌판에 자신과 함께 계심을 깨
닫자 그 벌판의 의미가 달라졌습니다. 그는 자신이 처해 있는 벌판을
가리켜 '하나님의 전'이요, '하늘의 문'이요, '벧엘'이라 불렀습니
다. 히브리어 '벧엘'이란 '하나님의 집'이란 뜻입니다. 거기에는 건
물이 없었습니다. 문이나 강대상도 없었습니다. 그러나 그곳에 하나
님이 계시기에 그 벌판은 아름다운 하나님의 전이요, 하나님 나라로
들어가는 문이요, 감동적인 벧엘이었습니다.

이처럼 진정한 성전이란 특정 장소의 문제가 아니라 자신의 중심
에 하나님을 모시고 있는가의 문제임을, 하나님께서는 창세기에서부
터 우리에게 분명하게 가르쳐 주셨습니다. 이 사실을 바르게 깨달은
사도 바울은 성전을 이렇게 정의하였습니다.

> 너희가 하나님의 성전인 것과 하나님의 성령이 너희 안에 거
> 하시는 것을 알지 못하느뇨 누구든지 하나님의 성전을 더럽
> 히면 하나님이 그 사람을 멸하시리라 하나님의 성전은 거룩
> 하니 너희도 그러하니라(고전 3:16-17)

사도 바울에게 참된 성전이란 건축물이 아니라 하나님을 믿는 사람이었습니다. 성전에 대한 바울의 비늘이 벗어진 것입니다. 그 역시 예전엔 하나님을 예루살렘 성전 안에만 계신 분으로 그릇 알고 있었습니다.

예루살렘 사람들이 스데반 집사를 돌로 쳐 죽였습니다. 죄목은 하나님을 모독했다는 것이었습니다. 사도행전 7장에 기록되어 있는 스데반 집사의 설교요지는, 하나님께서는 예루살렘 성전 안에 갇혀 계신 분이 아니라는 것이었습니다. 그들의 조상 아브라함이 하란에 머물 때 하나님께서는 하란에서, 요셉이 이집트에서 살 때에는 이집트에서, 그리고 모세가 미디안 광야에 거할 때에는 미디안에서 역사하셨다는 것입니다. 이처럼 스데반은 무소부재하신 하나님을 설교했습니다. 그러나 하나님을 예루살렘 성전에 가두어 두고 있던 유대인들은 그 설교를 받아들일 수 없었습니다. 그들은 신성모독죄로 스데반 집사를 돌로 쳐 죽였고, 그 처형 현장의 증인이 바울로 회심하기 이전의 사울이었습니다. 당시의 사울 역시 성전에 대해서 왜곡된 인식을 가지고 있었던 것입니다.

그러나 그의 눈에서 비늘이 벗어지면서 그는, 참된 성전은 건물이 아니요 자기 자신임을 깨달았습니다. 그 자신이 움직이는 성전 (portable temple)이 된 것입니다. 마치 옛날 이스라엘 백성들이 움직이는 성막을 메고 어디로 가든지 무소부재하신 하나님과 동행했듯이, 바울은 예루살렘 성전이란 특정 공간을 뛰어넘어 그 자신이 움직이는 성전이 되어 하나님과 동행하였습니다. 그리고 그때부터 그는 진정한 섬김과 봉사의 삶을 살았습니다. 성전 된 바울을 도구 삼아 하나님께서 친히 역사하셨기 때문입니다.

크리스천이 된다는 것, 목사가 된다는 것은 스스로 움직이는 성전이 되는 것을 의미합니다. 물론 예배를 드리기 위해서는 기능적인 처소가 필요합니다. 그러나 그것은 단지 예배당일 뿐입니다. 하나님의 성전은 더 이상 건물이 아니라 바로 우리 자신들이어야 합니다. 유럽에는 하늘을 찌를 듯한 성당들이 곳곳에 즐비하게 세워져 있습니다. 그러나 크리스천들은 더 이상 흔치 않습니다. 대부분의 성당들은 텅 텅 비어 있습니다. 그 이유가 무엇이겠습니까? 지난 세월 동안 유럽의 가톨릭과 개신교는 벽돌로 된 성전을 짓는 데 혈안이 되어 있었을 뿐, 사람을 성전으로 일구는 데는 소홀했습니다. 그 결과 웅장한 건축물들은 도처에서 위용을 뽐내건만, 정작 그 속에 있어야 할 성전 된 사람들은 실종되고 말았습니다.

우리나라에 복음이 들어온 지도 100년이 넘었습니다. 그동안 전국에 예배당이 세워지지 않은 곳이 없습니다. 그것은 꼭 필요한 일이었습니다. 예배드릴 수 있는 장소가 있어야 사람들을 불러 모으고 또 훈련시킬 수 있습니다. 그러나 이제는 예배당 과잉 시대입니다. 어디든 예배당이 넘쳐나고 있습니다. 지금 필요한 것은 더 이상의 예배당이 아니라 진정 주님의 말씀대로 살아가는 크리스천의 삶입니다. 그렇다면 우리 모두 사람을 성전으로 일구는 시대를 열어야 합니다. 이미 목사이거나 앞으로 목사를 지향하는 우리 자신이 먼저 성전이 되어 다른 사람들을 성전으로 일구어 주지 못한다면, 머지않아 이 땅의 교회들 역시 실패한 유럽 교회의 전철을 밟고 말 것입니다. 어떤 경우에도 성전은 집이 아니라 사람이기 때문입니다.

움직이는 성전

우리 각자가 우리 자신을 성전, 즉 움직이는 성전으로 일군다는 것은 구체적으로 무슨 의미이겠습니까? 옛날 이스라엘 백성들이 어깨에 메고 다니던 성막이든, 혹은 붙박이 예루살렘 성전이든, 그것이 하나님의 성전이 되기 위해서는 반드시 그 안에 네 가지가 갖추어져 있어야만 했습니다. 첫째는 법궤요, 둘째는 금촛대요, 셋째는 분향단이요, 마지막은 진설병이었습니다. 이 네 가지 중 단 한 가지라도 결여되면 그 외형과는 상관없이 하나님께서 인정하시는 성전일 수 없었습니다. 우리 각자가 움직이는 성전이 된다는 것은, 우리 속에 바로 이 네 가지를 구비하는 것을 뜻합니다.

법궤

법궤는 곧 하나님의 말씀입니다. 내가 움직이는 성전이 되기 위해서는 내 심령이 하나님의 말씀으로 채워져야 합니다. 하나님 말씀의 채움 없이 우리 자신이 성전 되는 길이란 결코 없습니다. 성전의 주인이신 하나님께서 말씀이시기 때문입니다. 그러므로 하나님의 말씀으로 내 심령을 채운다는 것은 하나님을 내 생의 주인으로 내 속에 모시는 것을 의미합니다.

몽골에서 말로만 듣던 마니차(法輪)를 직접 보았습니다. 라마불교 사원에는 마니차라 불리는 금속원통이 대웅전 주위에 설치되어 있는데, 누구든 그 통을 손으로 한 번 돌리기만 하면 그 속에 들어 있는 라마교 경전을 한 번 읽은 것과 같아 그에 상응하는 만큼 당사자의 업보가 감해진다는 것입니다. 가령 우리 성경을 예로 들어 설명하면, 성경 66권에 해당하는 66개의 마니차가 성전 주위에 세워져 있습니다. 첫 번째 통에는 창세기가, 두 번째 통 속에는 출애굽기가 들어 있는 식입니다. 참배객이 창세기가 들어 있는 마니차를 손으로 한 번 돌리면 그는 창세기를 한 번 읽은 것입니다. 66개의 마니차를 손으로 다 돌리면 그는 그것으로 성경을 일독한 셈이 됩니다. 이것이 그 유명한 마니차입니다. 그래서 라마불교 신자들은 사원을 찾을 때마다 대웅전을 돌면서 계속 마니차를 돌립니다. 열심 있는 신자는 대웅전을 수십 바퀴 돌며 마니차를 돌린 후에 나는 오늘 경전을 수십독 했노라 자랑하며 사원을 떠납니다. 과연 누가 진짜 라마불교 신자이겠습니까? 라마교 경전의 내용을 알고 경전을 좇아 사는 자가 진짜 신자 아니겠습니까? 경전의 내용은 전혀 알지도 못한 채, 단지 경전이 든 깡통을 돌리는 것만으로 족하게 여긴다면 기껏해야 깡통신자밖에 더 되겠습니까? 이런 의미에서 마니차야말로 라마불교 타락의 상징이랄 수 있습니다.

문제는 이것이 남의 이야기만은 아니라는 것입니다. 1985년 제가 신대원에 입학했을 때의 일입니다. 당시 월요일마다 학교에서 목사 계속교육 프로그램이 열리고 있었습니다. 담당 교수님의 협조하에 그 프로그램에 참여한 목사님들에게 설문조사를 했었습니다. 첫 번째 질문이 "목사님은 하루에 성경을 얼마나 읽으십니까?"였습니다. 응답자 62명 중에서 한 시간 이상 읽는다는 난에 표시한 분은 한 분이었습니다. 10분 이상 30분 이내의 난에 표한 분 역시 한 분이었습니다. 나머지 분들은 모두 그날 예배나 심방에 필요한 성경구절만 찾아 읽는다는 난에 O표를 했습니다.

저는 그 목사님들의 사정을 충분히 이해할 수 있습니다. 주일낮예배 설교, 찬양예배 설교, 수요예배 설교, 새벽기도회 설교, 구역성경공부 준비, 각종 상담, 정기 심방, 아이 돌날이나 회갑잔치 심방, 결혼식 주례 등등 조그만 교회에서 부교역자의 도움 없이 단독 목회 하는 목사님의 경우, 그 버거운 일정 속에서 지금 당장 심방 가는 데 필요한 성경구절 찾아내는 것만도 벅찰 것입니다. 이처럼 그분들의 사정은 십분 이해하고도 남지만, 그러나 이해하는 것만으로는 해결될 수 없는 문제가 있습니다. 그런 상황 속에서 정말 하나님의 말씀과 가까이하려는 의지의 실천 없이 과연 하나님께서 원하시는 바른 목사가 될 수 있겠는가 하는 것입니다.

여러분 자신을 돌아보십시오. 신대원생들의 가장 큰 소원이 성경 읽기라는 것은 널리 알려진 사실입니다. 과제물 작성해야지요, 온갖 신학서적 읽어야지요, 교회에서 봉사해야지요, 이처럼 매일 눈코 뜰 새 없이 바쁘게 지내다 보면 언제나 뒤로 밀리는 것은 성경읽기요, 결국 원도 한도 없이 성경 한번 읽는 것이 여러분의 소원이 되어 버리지 않았습니까? 그러나 곰곰이 생각해 보십시오. 목사 지망생인 여러분이 지금 하나님의 말씀과 거리를 두고 있다면, 졸업 후 목회 현장에서 여러분의 심령을 말씀으로 채울 수 있다는 보장이 어디에 있겠습니까? 위에서 언급한 것처럼 막상 목회 현장에 임하면 그때의 일정은 지금과는 비교도 되지 않을 정도로 훨씬 더 벅찰 테니 말입니다.

당시 저는 목사님들에 대한 설문조사 분석 후, 3년 동안 신대원 생활을 어떻게 할 것인지 저 나름대로 두 가지의 목표를 세웠습니다.

첫째, 신대원 3년 동안 신학공부의 방법을 터득한다는 것이었습니다. 신대원에서 3년간 배운 것으로 평생 목회할 수 있다고 생각한다면, 예과를 끝낸 의학도가 그것만으로 전문의 행세를 하려는 것과 같습니다. 목사는 평생토록 공부해야 하기에, 신대원 3년 기간을 신학을 하는 방법을 터득하고 익히는 기간으로 설정한 것입니다. 저는 지금도 신학을 하는 의미와 길을 일깨워 주셨던 교수님들께 깊이 감사 드리고 있습니다.

둘째, 신대원 3년 동안 말씀과 기도를 생활화하는 체질을 기른다는 것이었습니다. '만약 신대원 기간 동안 말씀과 기도를 체질화하지 못한 채 졸업한다면, 목사가 되어서도 예배나 심방에 필요한 성경 구절만 찾는다고 응답한 60명의 목사님들처럼 될 수밖에 없지 않겠는가' 하는 생각이 들었기 때문입니다. 신대원생으로 주어진 학업과 사역에 충실하면서도 매일매일 일정하게 성경 읽고 기도하는 체질을 기르기 위해서는 잠을 덜 자는 수밖에 없습니다. 남이 자는 시간 다 자고서는 그런 체질이 길러질 리 만무합니다. 제 경우 신대원에 입학한 뒤 주님의교회를 거쳐 제네바로 가기까지 하루에 많으면 네 시간, 짧게는 세 시간만 잠을 잤습니다. 수면 시간을 줄이는 대신 기도와 말씀의 생활화를 체질화하는 데 혼신의 힘을 기울인 것입니다.

신학은 대단히 중요합니다. 신학은 하나님의 말씀에 대한 지평을 확장시켜 주고 깊이를 심화시켜 주는 안경입니다. 그러나 일평생 신학이란 안경을 사용하면서 자신이 사용하는 안경이 참된지 아닌지, 그 안경의 진위 여부를 판단하는 기준은 다름 아닌 말씀입니다. 우리 속에 말씀이 채워져 있지 않고서는 그 절대적 기준을 지닐 수 없습니다. 말씀이 비어 있을 경우 《스크루테이프의 편지》의 저자 C. S. 루이스의 지적처럼, 목회자나 크리스천은 참이냐 거짓이냐의 관점이 아니라 오직 학술적이냐 아니냐의 관점으로만 세상을 바라보게 됩니다.

　학술적이라는 것과 참된 것이란 말은 결코 같은 의미가 아닙니다. 지금 프랑스에는 개에게 영세를 주는 신부님이 있다고 합니다. 그래서 자기 개에게 영세를 받게 하려는 사람들이 그 성당을 찾는다고 합니다. 세상에는 개를 사랑하는 사람들이 무척 많습니다. 개가 죽으면 아이들은 개의 무덤을 만들고 찾아가 울기도 합니다. 그런 자들에게 그 신부님은 구세주와도 같습니다. 영세 받은 자신의 개와 천국에서 영원히 함께 살 수 있을 테니 말입니다. 그 신부님이 개에게 영세를 베푸는 근거는 범신론적 신학자의 논문이나 서적입니다. 개에게도 신성이 있으므로 얼마든지 영세를 베풀 수 있다는 것입니다. 물론 그런 논문이나 서적이 학술적으로는 아무 하자가 없을 수 있습니다. 그렇다고 그것이 성경적인가 하면, 성경과는 거리가 멀어도 한참 멉니다. 참과 거짓의 여부와 상관없이 학술적이냐 아니냐만 따지면 이런 극단적인 목회자가 될 수도 있습니다. 중요한 것은 사람들이 아무리 그를 목회자로 부를지라도, 하나님께서 요구하시는 목회자일 수는 없다는 사실입니다.

　심령이 말씀으로 채워지지 않고서는 성전이 될 수도 없고, 바른 영성의 목사가 될 수도 없습니다. 말씀 채우기를 체질화하려면 죽을 때까지 매일매일 말씀과 대면하지 않으면 안 됩니다. 그러기 위해서는 누구보다도 말씀의 절대성을 절대적으로 신뢰해야 하고, 그것은 말씀 아니고는 목사의 삶 자체가 아예 불가능함을 절대적으로 인식할 때만 가능합니다.

28세의 도스토예프스키는 진보적 단체에 가입했다는 죄명 아닌 죄명으로 수용소에 수감됩니다. 그 후 8개월 만에 사형을 언도받고 사형집행장으로 끌려갔습니다. 사형집행관이 마지막 유언을 청했습니다. 그러나 스물여덟 살의 청춘에 총살당하는 판에 무슨 유언을 제대로 남길 수 있겠습니까? 도스토예프스키는 망연자실, 넋 나간 듯 고개를 들었습니다. 순간, 사형집행장 건너편의 러시아 정교회 지붕 위 십자가에서 반사된 햇빛에 그의 눈이 부셨습니다. 그때, 황제의 특사가 황급히 당도했습니다. 사형을 중지하라는 황제의 특명이었습니다. 몇 초만 늦었더라도 그는 그때 형장의 이슬로 사라지고 말았을 것입니다. 그 이후 그는 수년에 걸쳐 시베리아에서 유배생활을 했습니다. 시베리아로 가던 도중 도스토예프스키는 성경을 만났습니다. 그리고 유배생활 내내 하나님의 말씀으로 자신을 채웠습니다. 그리고 그는 이렇게 고백했습니다.

"만약 누군가가 아무도 이의를 제기할 수 없도록 성경이 거짓임을 내게 증명한다 할지라도, 나는 그 사람의 말보다 그가 거짓말이라 단정한 하나님의 말씀을 믿겠다."

그는 말씀의 절대성에 사로잡힌 사람이었습니다. 그 말씀의 절대성 위에서 《죄와 벌》이 쓰였고, 《카라마조프의 형제들》이 빛을 보았습니다. 그래서 목사 천 명의 설교를 합쳐도 도스토예프스키의 작품을 감당치 못합니다. 말씀의 절대성 위에서 쓰였기에, 그의 작품들은 그 누구의 설교보다도 사람의 심령을 더 크게 움직이는 위대한 메시지로 남아 있습니다. 오직 하나님의 말씀으로 자신을 채우는 데서부터, 움직이는 성전은 시작됩니다.

금촛대

옛날 성막은 물론이요 예루살렘 붙박이 성전 속에도 금촛대가 있었습니다. 세상의 어둠을 물리치는 빛이신 하나님의 상징이었습니다. 따라서 그 금촛대는 항상 불을 밝히고 있었습니다. 한마디로 그 촛대의 의미는 성령님의 조명이었습니다. 성령님의 조명이 배제된 촛대란 아무리 금으로 만들어졌을 망정 촛대 이상의 의미를 지닐 수는 없습니다. 따라서 우리 자신이 성전이 되기 위해서는 우리의 심령이 성령님의 조명 속에 거해야만 합니다. 칼뱅은, 성령님의 조명이 아니고는 하나님의 말씀이 하나님의 말씀으로 받아들여질 수 없다고 했습니다. 이처럼 하나님의 말씀과 성령님의 조명은 불가분의 관계에 있습니다.

주님께서 말씀하셨습니다.

> 보혜사 곧 아버지께서 내 이름으로 보내실 성령 그가 너희에게 모든 것을 가르치시고 내가 너희에게 말한 모든 것을 생각나게 하시리라(요 14:26)

따라서 말씀의 깊이와 넓이와 참된 의미를 바로 아는 성전이 되기 위해서는 항상 성령님의 조명 아래 거하지 않으면 안 됩니다. 이것을 쉬운 용어로 설명하면, 성령 충만한 삶을 추구해야 한다는 말입니다.

많은 크리스천들이 성령 충만에 대해 그릇된 인식을 지니고 있습니다. 성령님을 강조하는 사람들은 사도행전을 중요시합니다. 사도행전은 성령행전이라 불릴 정도로 성령님의 역사가 감동적으로 기술되어 있기 때문입니다. 그러나 그것은 성령님께서 역사하신 결과일 뿐, 성령님께서 어떤 분이신지 바르게 이해하기 위해서는 요한복음을 보아야 합니다. 성령님에 대해 예수님께서 친히 설명해 주신 책은 요한복음밖에 없습니다. 운전면허를 따려는 사람이 운전교본이나 조교의 강의를 무시한 채, '액셀러레이터를 밟으면 자동차가 달리고 브레이크를 밟으면 멈춘다'는 결과에 대한 지식만으로 운전대를 잡으면 필히 사고를 내고 맙니다. 이와 마찬가지로 성령님께서 역사하신 결과만을 좇으려 해서는 성령님을 바르게 이해할 수 없습니다.

요한복음 14장에서부터 성령님에 관해 설명을 시작하신 주님께서는 요한복음 20장 22절에 이르러 이렇게 마무리하셨습니다.

…… 저희를 향하사 숨을 내쉬며 가라사대 성령을 받으라

주님께서 성령님에 관한 마지막 결론으로 제자들에게 "성령을 받으라" 말씀하시며 당신의 숨을 내뿜으셨습니다. 성령님의 조명 아래

거한다는 것, 성령 충만한 삶을 추구한다는 것은 바로 주님의 호흡으로 살아가는 것을 의미합니다.

저는 부산 출신입니다. 바닷가 출신이 대개 그렇듯이 저 역시 어렸을 때부터 수영에 자신이 있었습니다. 바닷가에서 노는 시간이 많았기 때문입니다. 서울에서 대학교를 졸업하고 직장생활을 하던 70년대 초, 한국에 비로소 헬스클럽이라는 것이 생겼습니다. 그중에는 실내 수영장을 갖춘 대형 헬스클럽도 있었습니다. 그 클럽에 등록한 저는 틈나는 대로 수영장을 찾곤 했습니다. 그런데 어느 날, 전혀 이해할 수 없는 사실을 발견하게 되었습니다. 25미터의 수영장을 한 번 왕복하면, 저는 가빠진 호흡으로 반드시 멈추어 서서 숨을 고른 뒤 다시 시작해야만 했습니다. 그런데 백발노인 한 분이 쉬지 않고 왔다 갔다 수영을 계속하는 것이었습니다. 그분을 흉내 내려고 몇 번을 시도했지만, 가쁜 호흡 때문에 번번이 실패하고 말았습니다. 그리고 그제야, 아직 제가 수영을 제대로 할 줄 모른다는 사실을 깨달았습니다. 조교에게 수강료를 내고 기본부터 수영을 다시 배우면서 수영의 비결은 호흡에 달려 있음을 비로소 터득했습니다. 나아가 모든 스포츠가 실은 호흡임을 알게 되었습니다. 역도, 테니스, 골프, 승마 등 어느 하나 예외 없이 모두 호흡이 중요합니다.

그 이후 스포츠뿐만 아니라 삶 자체가 호흡의 문제임을 깨달았습니다. 대중소설을 읽는 호흡으로는 심도 있는 철학서적을 읽을 수 없습니다. 대중가요를 부르는 호흡으로는 명곡을 부를 수 없습니다. 평지에서 필요한 짧은 호흡으로는 태산준령을 오를 수 없습니다. 요즈음은 복음성가가 유행입니다. 복음성가도 참 유익합니다. 그러나 복음성가에 요구되는 얕은 호흡으론 영혼의 깊은 데서 우러나는 천상의 가락을 길어 올릴 수 없습니다. 거기엔 더 깊은 호흡을 필요로 합니다.

성령님의 조명 아래 살아간다는 것은 예수 그리스도의 깊은 호흡으로 사는 삶을 의미합니다. 사람이 흥분하면 호흡이 거칠어집니다. 화가 나도 마찬가지입니다. 자신을 다스리지 못하는 사람일수록 금세 호흡이 거칠어집니다. 예수 그리스도께서는 무고하게 십자가에 못박혀 돌아가셨습니다. 죄 없는 주님의 손과 발에 못질을 해대는 로마 군병을 위해 주님께서는 기도하셨습니다.

> ……아버지여 저희를 사하여 주옵소서 자기의 하는 것을 알지 못함이니이다……. (눅 23:34)

만약 그때 주님께서 얕은 호흡의 소유자셨다면, 정상적인 당신의 호흡을 상실하셨더라면, 결코 그렇게 기도하실 수는 없었을 것입니다. 당신을 죽이는 자에게 용서를 선포하셨다는 것은, 주님께서 그 순간에도 당신의 호흡을 상실치 않으셨음을 뜻하고 있습니다.

우리가 움직이는 성전이 된다는 것은 예수님의 그 깊은 호흡으로 살아가는 것입니다. 그 호흡의 뿌리는 두말할 것도 없이 말씀입니다.

성령님의 조명 속에서 말씀에 깊이 뿌리내리고 있을 때, 우리는 말씀이신 주님의 깊은 호흡으로 살아가게 됩니다. 악한 감정이 북받쳐 오를 때, 분노가 용암처럼 끓어오를 때, 우리는 성령님의 조명 아래에서 주님의 깊은 호흡으로 우리 자신을 제어할 수 있습니다. 이를 위해 성령님의 조명 속에서 말씀에 대한 깊은 묵상이 필수적임은 두말할 나위가 없습니다.

분향단

제사장들은 성전 속에 있는 분향단에서 항상 향을 피워 올렸습니다. 그렇게 해서 인간의 마음과 정성이 하나님께 올려 바쳐진다고 생각했습니다. 오늘날에는 분향의 의미가 무엇인지 요한계시록 5장 8절이 설명해 주고 있습니다.

> 책을 취하시매 네 생물과 이십사 장로들이 어린양 앞에 엎드려 각각 거문고와 향이 가득한 금대접을 가졌으니 이 향은 성도의 기도들이라

오늘날의 향이란 곧 기도입니다. 우리가 드리는 기도가 하나님께서 흠향하시는 향이 됩니다. 기도가 얼마나 중요한지, 위 본문에 쓰인 기도란 단어가 단수형이 아닌 복수형이라는 것에서 알 수 있습니다. 즉 기도는 우리의 체질이 되어야 합니다. 바꾸어 말하면 체질화

되지 않은, 단지 필요할 때만 발하는 단발성 기도는 하나님께 올려지는 향기로운 향이 될 수 없다는 말입니다.

앞서 목사님들을 대상으로 한 설문조사에 관해 말씀드렸습니다. 그 설문조사의 두 번째 항목이 '목사님께서는 하루에 얼마나 기도하십니까?'였습니다. 30분 이상 1시간 이내라고 응답하신 목사님이 한 분, 10분 이상 30분 이내 역시 한 분이었습니다. 아마 이 두 분은 첫째 항목에서 성경을 많이 읽는 것으로 나타난 두 분과 동일인인 것 같습니다. 그리고 5분 이상 10분 이내로 기도한다고 응답한 목사님이 열두 분, 5분 이내라고 응답한 목사님이 나머지 마흔여덟 분이었습니다. 목사님들의 기도 시간이 이처럼 짧은 까닭 또한, 이미 앞에서 밝힌 것처럼 성경을 제대로 읽지 못하는 이유와 동일합니다. 신대원에서부터 기도를 체질화하지 못하고 목회 현장에 나가면, 새벽부터 밤늦게까지 숨이 막히는 일정에 쫓기느라 이렇게 될 수밖에 없습니다. 5분 이내로 기도한다고 응답한 분들의 기도 시간은 거의 새벽기도회가 끝난 직후라고 했습니다. 그 이외의 시간엔 그나마 기도할 여유조차 없다는 의미입니다. 그러므로 신대원을 졸업하기 전에 기도의 체질화는 반드시 이루어지지 않으면 안 됩니다.

기도와 관련하여 주님께서 말씀하셨습니다.

그러므로 저희를 본받지 말라 구하기 전에 너희에게 있어야 할 것을 하나님 너희 아버지께서 아시느니라(마 6:8)

일반적으로 우리의 기도는, 우리에게 있어야 할 것을 하나님께서 모르신다는 전제 조건하에 시작됩니다. 그래서 늘 자신에게 필요한 것을 하나님께 통보하는 것으로 기도는 끝납니다. 하지만 주님께서는, 우리에게 있어야 할 것을 하나님 아버지께서 이미 알고 계신다고 말씀하십니다. 그렇다면 영적 지도자가 되려는 우리의 기도는 적어도 이 수준을 뛰어넘어야 합니다. '내게 필요한 것을 하나님께서 다 아십니다'는 수준에 머물러서는 안 된다는 말입니다. 그런 수준의 기도를 위해서라면 하루 5분이면 충분하고도 남습니다.

다마스쿠스 도상에서 주님의 빛에 사로잡힌 사울은 그 즉시 눈이 멀었습니다. 다른 사람의 손에 이끌려서야 겨우 다마스쿠스에 입성한 사울은 유다라는 사람의 집에 머물렀습니다. 그때 주님께서 당신의 종 아나니아에게 사울을 찾아가 안수해 줄 것을 명령하시며, "저가 지금 기도하는 중이다"(행 9:11)라고 말씀하셨습니다. 주님을 만난 사울은 그 이후 계속 기도하고 있었던 것입니다. 그때 사울이 과연 무슨 기도를 드렸겠습니까? 먹고 마실 것을 위한 기도였겠습니까? 아니면 성공이나 출세를 위해서였겠습니까? 두말할 것도 없이, 빛이신 주님께 사로잡힌 자로서 마땅히 되어져야 할 새로운 존재를 위한 기도였을 것입니다. 그렇지 않고서야 그 이후 그가, '그런즉 누구든지 그리스도 안에 있으면 새로운 피조물이라 이전 것은 지나갔으니 보라 새것이 되었도다'(고후 5:17)고 자신 있게 외치지는 못했을 것입니다. 우리의 기도는 이처럼, 끊임없이 되어져 가야 할 새로운 존재를 위한 기도여야 합니다.

사도행전 8장에는 마술사 시몬의 이야기가 등장하고 있습니다. 사마리아 성을 찾은 빌립 집사에 의해 그곳의 많은 사람들이 복음을 받아들였습니다. 이 소식을 접한 베드로가 직접 사마리아를 방문, 그들에게 안수할 때 성령님께서 임하셨습니다. 그 놀라운 광경을 목격한 마술사 시몬이 베드로에게 돈을 건네며, 그 신비한 능력을 돈으로 사겠다고 나섰습니다. 이에 베드로가 시몬을 질책했습니다.

> ……네가 하나님의 선물을 돈 주고 살 줄로 생각하였으니 네 은과 네가 함께 망할지어다 (행 8:20)

그러나 베드로는 질책하는 것으로만 끝내지 않았습니다. 그는 시몬이 회개하고 주님의 사함을 받을 수 있도록 다음과 같은 말을 덧붙였습니다.

> 그러므로 너의 이 악함을 회개하고 주께 기도하라 혹 마음에 품은 것을 사하여 주시리라 (행 8:22)

베드로는 시몬에게 기도할 것을 권했습니다. 여기에서 '기도하다'로 번역된 헬라어 '데오마이'는, '붙들어 매다'라는 의미의 동사 '데오'에서 파생되었습니다. 그러므로 베드로의 말에 주석을 가하자면 이런 뜻이 됩니다.

> 기도를 통해 너 자신을 주님께 붙들어 매라. 그렇지 않으면
> 너는 결정적인 순간에 또다시 욕망의 노예로 전락하고 말 것
> 이다.

기도란 나 자신을 주님께 붙들어 매는 것입니다. 주님의 말씀에 나를 붙들어 매는 것이요, 말씀을 통해 말씀하시는 성령님의 음성에 나를 붙들어 매는 것입니다. 그렇기에 음성으로 발해지는 기도도 귀하지만, 입을 다물고 그분의 음성에 귀를 기울이는 기도는 더욱 귀합니다. 그분의 음성에 귀 기울임 없이 나의 바람을 하나님께 토로하는 것으로만 그친다면, 그런 기도를 통해 어찌 나의 심령을 그분께 붙들어 맬 수 있겠습니까? 주님께서 사람의 속에서 나오는 것은 다 더러운 것뿐이라고 말씀하시지 않았습니까?(막 7:20-23) 주님의 음성에 나를 붙들어 매지 않고 내 속의 것을 발하기만 하면, 과연 그런 기도가 하나님께 올려 바치는 향기로운 향연이 될 수 있겠습니까?

《회복의 신앙》에서 언급했습니다만 불교에는 이판사판이 있습니다. 이판은 이판승(理判僧), 사판은 사판승(事判僧)을 일컫습니다. 중생들 앞에서 불교조직 자체의 관리와 관련된 스님들은 모두 사판승입니다. 언론을 통해 종종 볼 수 있는, 서로 각목을 휘두르며 난투극을 벌이는 스님들 역시 사판승입니다. 사판승들이 이처럼 어처구니

없는 짓을 해도 불교의 근본은 흔들리지 않습니다. 불교에는 이판승들이 있기 때문입니다. 이판승이란 불교의 근본을 수호하는 수도승입니다. 오래전 입적하신 성철 스님이나 유명한 법정 스님 같은 분들이 이판승입니다. 사판승들이 겉으로 아무리 흙탕물을 튀겨도 이판승들이 불교의 본질을 지키고 있는 한 불교는 건재할 것입니다.

가톨릭에도 이판사판이 있습니다. 교황을 비롯하여 추기경, 주교, 신부 등 가톨릭교회의 행정 및 관리와 관련된 사제들은 불교 용어를 빌리자면 모두 사판승입니다. 반면에 세상의 공명으로부터 자신을 스스로 격리시킨 수도원의 수도사들은 이판승에 해당합니다. 가톨릭이 부패했을 때에도 항상 깨어 있는 이판승들이 있었기에 가톨릭은 가톨릭 본연의 자리를 되찾곤 했습니다.

불교든 가톨릭이든 이판의 특징은 침묵의 기도를 드릴 줄 안다는 것입니다. 이판들은 입을 다물고 듣습니다. 진리의 소리에 귀를 기울입니다. 진리가 지금 말하는 소리에 자신을 붙들어 맵니다. 그래서 사판들이 본질에서 이탈해도 그들은 본질을 청정하게 고수할 수 있습니다.

종교개혁 이후 태동한 개신교에는 이판승이 달리 존재하지 않습니다. 왜 1,500년이나 존속되어 온 이판을 종교개혁자들은 인정하지 않았을까? 그 어떤 문헌을 통해서도 이 질문에 대한 해답을 찾을 수 없었습니다. 그래서 저는 좋은 뜻으로 해석하고 있습니다. 이판과 사판은 따로 구별되는 것이 아니라 우리 속에 동시에 존재해야 하기에 개혁자들이 그 둘을 구태여 나누지 않았을 것이라고 말입니다. 그러나 종교개혁 이후 500년의 세월이 흐르면서 우리 속에 마땅히 자리 잡고 있어야 할 이판은 더 이상 존재하지 않습니다. 개신교 신자의 삶에서 묵상의 기도가 실종되어 버린 것입니다. 개신교 신자는 주님 앞에서 침묵하지 않습니다. 한결같이 자기 자신의 소리를 발하는 것만을 기도로 간주합니다. 그 결과 깊은 묵상의 기도가 생활화된 불교나 가톨릭 이판승의 눈에 개신교 목사는 빈 깡통처럼 비치는 것이 우리의 현실입니다. 자신의 말을 쏟아 내기만 하려 해서는 진리가 채워지지 않습니다. 입을 다물고 들을 때, 겸손하게 귀를 기울일 때, 정적 속에서 진리는 채워집니다.

황병기 선생은 서울 법대 재학 중 가야금에 심취, 그 이후 일평생 국악을 위해 살아오면서 국악을 해외에 널리 알린 세계적인 국악인입니다. 그분이 쓴 《깊은 밤, 그 가야금 소리》란 책 속에 소리와 관련하여 의미심장한 내용이 있습니다. 1989년 한국 정부는 그 해 12월 31일 밤 12시를 마지막으로 에밀레종 타종을 금하기로 했습니다. 현존하는 최대의 거종(巨鐘)이자 국보 제29호인 에밀레종을 보호하기 위함이었습니다. 황병기 선생은 마지막으로 울리게 될 에밀레종소리를 듣기 위해 12월 31일 일부러 경주로 내려갔습니다. 마침 제야의 타종을 위해 종각 위에 올라선 경주박물관장이 군중 제일 앞에 서 있던 황 선생을 발견, 그에게 같이 타종할 것을 권했습니다. 타종 위치에서 에밀레종 소리를 더 잘 들을 수 있을 것으로 생각한 황 선생은 박물관장의 제의에 따라 종각으로 올라가, 타종위원들과 함께 타종나무를 잡고 열두 시 정각에 첫 번째 타종을 했습니다. 그 여운이 완전히 사라진 뒤 두 번째 타종을 했습니다. 아시다시피 에밀레종은 세계에서 여운이 가장 깁니다. 두 번째 타종의 여운이 사라지고 세 번째 타종을 한 뒤 황 선생은 그만 종각에서 내려오고 말았습니다. 종소리가 울릴 때마다 박물관 마당에 운집한 군중이 열광적으로 내지르는 환호성으로 인해, 정작 자신은 종소리를 전혀 들을 수가 없었습니다. 한 해의 마지막 날 서울에서 경주까지 찾아간 것은 종을 치기 위함이 아니라 마지막이 될 종소리를 음미하기 위함이었는데, 그 소리를 아예 들을 수 없으니 더 이상 그곳에 머물러 있을 이유가 없었던 것입니다. 종각에서 내려오는 황 선생을 발견한 한 지인이 물었습니다.

"왜 그냥 내려오십니까?"

"나는 종소리를 들으러 왔는데 사람들 환호성 때문에 들을 수가 없으니 그냥 가렵니다."

"선생님, 박물관 맞은편에 있는 반월성 언덕으로 올라가십시오. 그곳에선 분명하게 들릴 겁니다."

황 선생은 반신반의했습니다. 바로 종 앞에서도 들을 수 없는 소리를 어찌 건너편 언덕 위에서 들을 수 있단 말인가? 그렇지만 황 선생은 속는 셈치고 그 언덕으로 올라갔습니다. 그러자 신기하게도 인간의 함성은 들리지 않고, 그 함성을 뛰어넘은 신비스런 에밀레종 소리가 자신의 귀를 은은하게 울리는 것이었습니다.

우리 안에서 끓어오르는 온갖 욕망의 소리를 질러 대면서 어떻게 진리이신 주님의 소리를 들을 수 있겠습니까? 우리 욕망의 함성으로부터 우리 자신을 격리시켜야 합니다. 입을 다물어야 합니다. 주님께서는 진리시요 진리의 영이십니다. 진리와 영의 소리는, 인간 욕망의 함성 속에서는 결코 들리지 않습니다. 우리의 입을 굳게 다물 때, 우리 욕망의 소리를 내려놓을 때, 진리이신 주님께서 우리에게 말씀하십니다. 하나님께서는 엘리야에게 산이 터지고 땅이 흔들리는 지진이나 맹렬한 불로, 혹은 거친 바람소리로 말씀하시지 않았습니다. 그렇게 말씀하신다면 하나님의 말씀을 알아듣지 못할 자가 어디 있겠습니까? 하나님께서는 엘리야에게 세미한 음성으로 말씀하셨습니다. 엘리야가 그의 입을 굳게 다물고 자신의 소리를 내려놓지 않고서는 절대로 들을 수 없는 음성이었습니다.

목사의 영성과 성숙의 깊이는, 하나님의 말씀을 듣기 위해 하나님 앞에서 침묵하는 시간의 길이와 비례합니다. 하나님 앞에서 입을 다물고 하나님께서 지금 내게 말씀하시는 것을 듣는다는 것은 결코 쉬운 일은 아닙니다. 만약 당장 등록금이 필요한 자라면, 하나님의 음성을 듣기 위해 눈을 감는 순간에 도리어 눈앞에서 돈이 왔다 갔다 할 것입니다. 아이의 우유가 필요할 경우엔 우유병이 어지럽게 춤을 추겠지요. 이처럼 하나님의 말씀을 듣는 것은 말처럼 쉽지 않습니다.

그러나 여러분 주위에 혹 이런 분은 계시지 않습니까? 아무 말을 주고받지 않아도 그분 앞에 앉아 그분과 함께 호흡하기만 하면, 그분과 한공간에 있기만 하면, 왠지 모르게 자신의 생각과 마음이 절로 정화되는 그런 분이 계시지는 않습니까? 제게는 그런 분이 계십니다. 독실한 가톨릭 신자이자 노시인이신 구상 선생님이십니다. 그 어른을 찾아뵙고 함께 앉아 있노라면, 아무 말을 하지 않아도 제 심령이 이내 맑아집니다. 그분이 일평생 맑고도 깊은 영성의 삶을 살아오신 분이기 때문입니다. 이처럼, 영성 깊은 사람 앞에 앉아만 있어도 우리의 심령이 영향을 받습니다.

우리 믿음의 대상이신 하나님께서는 영이십니다. 우리가 기도드리기 위해 눈을 감을 때 영이신 하나님께서는 우리의 현존자로 우리 앞에 계십니다. 우리가 하나님의 말씀에 귀 기울이기 위해 입을 다물고 그분 앞에 겸손하게 앉아 있을 때 우리의 심령이 당연히 그분의 영향을 받지 않겠습니까? 우리의 생각과 마음이 정화되고 새로워지지 않겠습니까? 시간이 흘러갈수록 그분을 닮아 가지 않겠습니까? 날이 갈수록 그분으로 인해 우리의 존재가 새로워지지 않겠습니까? 하나님의 말씀을 듣기 위한 침묵의 기도 없이는, 그 누구도 바른 성전이 될 수 없습니다.

진설병

진설병이란 하나님께 바치기 위해 성전 안 진설대 위에 올려둔 떡을 의미합니다. 하나님께 바치는 떡이라고 해서 하나님께서 직접 그 떡을 드시는 것은 아니었습니다. 제사장들이 하나님을 대신하여 그 떡을 먹었습니다. 구약 시대 사람들은 하나님과 제사장을 동일시한 것입니다. 그 전통은 오늘날 우리 속에도 남아 있습니다. 많은 크리스천들이 주의 종(목사) 대접하는 것을 하나님 대접하는 것으로 인식하고 있습니다. 가톨릭에서는 감사헌금을 신부님 개인에게 바치는 것으로 알려져 있습니다. 이처럼 목사와 신부를 하나님과 동일시하고 있습니다. 이것이 과연 성경적인 사고입니까?

율법 중에 어떤 계명이 제일 크냐는 율법사의 질문에 주님께서는 다음과 같이 말씀하셨습니다.

> ······네 마음을 다하고 목숨을 다하고 뜻을 다하여 주 너의 하나님을 사랑하라 하셨으니 이것이 크고 첫째 되는 계명이요 둘째는 그와 같으니 네 이웃을 네 몸과 같이 사랑하라 하셨으니 이 두 계명이 온 율법과 선지자의 강령이니라(마 22:37-40)

주님께서는 하나님을 사랑하는 것과 사람을 사랑하는 것이 가장 큰 계명이라 말씀하셨습니다. 주님의 말씀 중 '둘째는 그와 같으니'란 말은, 둘째라고 해서 첫째의 하위개념이 아니라 첫째와 둘째가 동일하다는 의미입니다. 즉 주님께서는 하나님 사랑과 사람 사랑을 동일시하셨습니다. 그뿐만이 아닙니다.

……내가 진실로 너희에게 이르노니 너희가 여기 내 형제 중에 지극히 작은 자 하나에게 한 것이 곧 내게 한 것이니라……(마 25:40)

……내가 진실로 너희에게 이르노니 이 지극히 작은 자 하나에게 하지 아니한 것이 곧 내게 하지 아니한 것이니라……(마 25:45)

이처럼 주님께서는 하나님을, 목사나 신부가 아닌 가장 작은 자와 동일시하셨습니다. 따라서 하나님을 사랑하는 것은 곧 가장 작은 자를 사랑하는 것임을 알게 됩니다. 그렇다면 우리가 성전이 되기 위하여 우리 마음속에 진설병을 구비한다는 것은 무슨 의미이겠습니까? 우리와 이질적인 사람, 전혀 수준이 맞지 않는 사람, 우리 주위의 가장 작은 자를 위한 공간을 우리 마음속에 확보하는 것입니다. 단 한 명이라도 더 많은 사람을 수용할 수 있는 넉넉한 공간을 우리 마음속에 지닐 때 우리는 비로소 움직이는 성전이 될 수 있습니다.

레위기 24장 5절에 의하면 성전에 바치는 진설병의 개수는 12개, 진설병 하나의 크기는 10분의 2 에바였습니다. 1에바는 21에서 22리터로 약 12되의 분량입니다. 따라서 10분의 2 에바는 2.4되가 됩니다. 밀가루 2.4되로 떡 하나를 만들다니 엄청난 크기임에 분명합니다. 그런 떡을 12개 진설해야 하므로 약 30되의 밀가루를 필요로 합니다.

30되의 밀가루로 만들어진 12개의 떡을 쌓아 놓으면 얼마나 거대할 는지 상상하는 것조차 어렵습니다. 우리가 움직이는 성전이 되기 위해 우리 마음속에 진설병을 구비한다는 것은, 타인을 위해 그 정도로 넉넉한 마음을 지니는 것입니다. 우리 마음속에 타인을 위한 진설병이 구비되어 있지 않을 경우, 우리의 섬김과 봉사는 행하면 행할수록 사람들을 분리시키게 됩니다. 진설병이 결여된 섬김과 봉사는 자기 마음에 드는 사람들끼리의 섬김과 봉사이기에 결국 편 가르기와 분열이 초래되고, 가장 작은 자를 섬긴다는 것은 아예 불가능하게 됩니다.

레위기는 제사, 곧 예배의 책입니다. 번제, 소제, 속죄제, 속건제, 화목제에 대한 하나님의 설명이 모두 그 속에 들어 있습니다. 그중에서 화목제는 우리가 하나님께 드리는 모든 제사, 즉 예배의 결과가 우리 삶 속에서 어떻게 나타나야 하는지를 총체적으로 가르쳐 주고 있습니다. 화목제의 특징은, 다른 제사와는 달리 제물을 바친 자가 제물의 일부를 먹을 수 있다는 것입니다. 다른 제사의 경우에는 번제처럼 하나님 앞에서 제물을 몽땅 태워 버리든가, 아니면 제물의 일부분만 태우고 나머지는 제사장의 몫으로 돌립니다. 그러나 화목제의 경우, 제사장 몫인 제물 오른쪽 뒷다리와 가슴부위를 제외하곤 제물을 바친 자가 이웃과 더불어 그 제물을 나누어 먹습니다. 일종의 잔치 제사로, 그 잔치를 통해 이웃과의 화목을 도모하고 증진하게 됩니다.

이 화목제 제물과 관련하여 하나님께서는 레위기 7장을 통해 이상한 명령을 내리셨습니다. 만약 감사의 의미로 드린 화목제라면, 제사후 남은 제물을 반드시 그날 해가 지기 전까지 모두 먹어야 한다는 것입니다. 혹 서원의 의미로 드린 화목제의 경우에는, 그 다음 날 해가 지기 전까지 남은 제물을 반드시 먹어 치워야 합니다. 정해진 시한을 어기면 그 제사는 무효요, 오히려 화의 근원이 되고 맙니다.

제물을 먹으라고 허락하신 하나님께서 제물을 먹는 기한을 못박아 두신 이유가 무엇이겠습니까? 일반적으로 소 한 마리의 무게는 700에서 800킬로그램인데 뼈와 내장을 추려 내고도 약 350에서 450킬로그램(600에서 700근)의 살코기가 나온다고 합니다. 어떤 사람이 소를 제물 삼아 화목제를 드렸다고 가정해 봅시다. 화목제를 드린 자가 제사장 몫을 제외하더라도, 무려 300킬로그램(500근)의 살코기를 늦어도 다음 날 해지기 전까지는 먹어야 합니다. 그 당시는 냉장고도 없었습니다. 따라서 가능한 한 빨리 먹지 않으면 안 됩니다. 만약 실패하면 하나님의 화를 입게 됩니다. 그렇다면 이제 우리는 화목제의 진정한 의미를 깨닫게 됩니다.

그 많은 제물을 자기 가족끼리만 먹어서는 절대로 정해진 시한을 지킬 수 없습니다. 마음에 드는 이웃만 불러서도 불가능합니다. 평소에 보기도 싫었던 사람, 같은 자리에 앉는 것조차 꺼리던 사람마저 부르지 않으면, 그들을 불러 그들의 도움을 받지 않으면, 500근이나 되는 제물을 시한 내에 먹을 길이 있을 수 없고 결국 자신의 제사는 무효가 되고 맙니다. 그래서 화목제를 드린 자는 자신의 제사가 유효할 수 있도록, 평소 미워하던 사람들까지 모두 다 불러 모아 하나님 앞에서 함께 제물을 먹습니다. 그리고 깨닫습니다. '형편없어 보이는 이 사람도 내 인생에 절대적으로 필요한 존재로구나!' '하나님과 화목한다는 것은 내가 업신여기던, 이 사람과의 화목을 의미하는구나!' 화목제를 통해 그는 가장 작은 자마저 서슴없이 수용하는 진실병을 마음속에 구비하게 되는 것입니다.

사도행전 6장에는 예루살렘 교회가 최초로 7명의 집사를 선출한 기록이 나타나 있습니다. 사도들이 재정과 행정에 관한 모든 업무를 집사들에게 맡기고 자신들은 기도와 말씀에 전념하기 위함이었습니다. 그래서 오늘날에도 집사안수식에서는 흔히 사도행전 6장이 인용되곤 합니다. 그러나 그 본문의 중요성은 집사선출 그 자체보다는, 선출된 일곱 집사가 모두 헬라식 이름을 가진 헬라파유대인이었다는 데 있습니다. 당시 예루살렘 교회에는 조상 대대로 이스라엘 땅에서 태어나 히브리말만 하고 살아온 히브리파유대인들과, 오래전 외국으로 이주하여 외국인 틈에서 헬라어를 모국어로 사용하다가 돌아온 헬라파유대인들이 섞여 있었습니다. 수적으로는 히브리파유대인들이 절대다수였습니다. 그런데도 최초로 선출된 일곱 집사 전원이 헬라파유대인이었다는 것은, 절대다수였던 히브리파유대인들이 소수파에 지나지 않는 헬라파유대인에게 표를 몰아준 것을 의미했습니다. 그것은 하나님의 뜻이었습니다.

태어날 때부터 이방 땅에서 이방인과 더불어 살아온 헬라파유대인들은 자신과 다른 사람을 수용하는 것이 어렵지 않았습니다. 그러나 전통적으로 이스라엘 땅에서만 살아온 히브리파유대인들은 이방인을 짐승처럼 여기는 등, 다른 사람을 수용하지 못했습니다. 그 결과 그들은 우주적인 복음을 받았음에도 그 복음을 예루살렘 교회에 국한시키고 있었습니다. 이것이 하나님께서 헬라파유대인들을 예루살렘 교회 전면에 내세우신 까닭이었습니다. 그리고 그들의 활약은 사도행전 7장부터 곧 시작되었습니다.

사도행전 7장에는 그 유명한 헬라파유대인 스데반 집사의 위대한 설교가 나타나 있습니다. 앞에서 말씀드린 것처럼 하나님께서 예루살렘 성전 안에만 계시는 것으로 그릇 생각하고 있던 유대인들에게 스데반은, 하나님께서는 이방 땅에서도 역사하시는 무소부재의 하나님이심을 설파했습니다. 사도행전 8장에는, 유대인들이 사람으로 취급지도 않던 사마리아인들에게 최초로 복음을 전한 빌립 집사가 등장합니다. 그 역시 헬라파유대인으로, 이방인인 에디오피아의 고위관리에게 최초로 세례를 베푼 자도 그였습니다. 사도행전 9장으로 넘어가면 헬라파유대인의 거두 바울의 회심이 일어납니다. 그 이후 사도행전의 초점은 헬라파유대인에게 집중됩니다. 그리고 헬라파유대인에 의해 복음은 예루살렘을 넘고 사마리아를 거쳐 이방으로 흘러갔습니다.

헬라파유대인이라고 해서 모두 자신과 다른 사람에 대해 개방적인 것은 아니었습니다. 헬라파유대인이면서도 히브리파유대인보다 더 폐쇄적인 사람도 얼마든지 있었습니다. 그러나 하나님께서는 그들

중에서 평소 사람으로 여기지도 않던 사람마저 수용할 줄 아는 자, 다시 말해 그 마음속에 넉넉한 진설병을 지닌 자를 통해 당신의 역사를 이루셨습니다. 하나님의 구원은 만인을 위한 역사이기 때문입니다.

사도 바울은 로마서 1장 14절을 통해 이렇게 고백했습니다.

> 헬라인이나 야만이나 지혜 있는 자나 어리석은 자에게 다 내가 빚진 자라

주님으로부터 그저 구원의 은혜를 입은 사도 바울은 자신의 마음에 헬라 이방인을 수용하는 진설병, 짐승 같은 야만인을 수용하는 진설병, 유식한 엘리트들을 수용하는 진설병, 어리석고 무식한 사람을 수용하는 진설병을 두루 갖추고 있었습니다. 그러나 그는 그것으로 그치지 않았습니다.

> 내가 그리스도 안에서 참말을 하고 거짓말을 아니하노라 내게 큰 근심이 있는 것과 마음에 그치지 않는 고통이 있는 것을 내 양심이 성령 안에서 나로 더불어 증거하노니 나의 형제 곧 골육의 친척을 위하여 내 자신이 저주를 받아 그리스도에게서 끊어질지라도 원하는 바로라 저희는 이스라엘 사람이라……(롬 9:1-4)

바울의 동족인 유대인들은 바울을 유대교의 배신자로 간주, 집요하게 그를 죽이려고 했습니다. 그렇지만 자신을 죽이려는 동족이 주님께 구원을 받을 수만 있다면, 그 대가로 설령 자신이 저주받아 버림을 받을지언정 무방하다는 것입니다. 바울의 마음속에는 원수마저도 수용하는 진설병이 갖추어져 있었습니다. 가히 그의 마음은 레위기가 언급한 30되 분량의 진설병으로 가득 차 있었습니다. 그 바울을 통해 세계의 역사가 바뀐 것은 너무나 당연합니다. 차고 넘치는 진설병으로 움직이는 성전이 된 사도 바울을 통해 성전의 주인이신 하나님께서 친히 역사하셨기 때문입니다.

오래전부터 서구 신학은 인본주의에 몰입, 공허한 이념을 좇기 시작하면서 도리어 교회에서 교인을 몰아내는 등 신앙적으로 심각한 문제를 야기했습니다. 그럼에도 서구 신학이 인류에 끼친 위대한 공헌이 있습니다. 곧 인간의 발견입니다. 흑인도 인간이라는 사실을 서구 신학이 찾아냈습니다. 노예도 사랑해야 할 형제임을 서구 신학이 발견했습니다. 여성이 남성보다 열등한 존재가 아니라, 역할만 다를 뿐 남성과 같은 존재임을 서구 신학이 터득해 냈습니다. 한센병자나 장애인도 저주받은 자가 아니라 하나님의 형상을 지닌 똑같은 인간임을 서구 신학이 발견해 냈습니다. 불교 신학이나 이슬람 신학으로서는 상상도 할 수 없는 인간 발견이었습니다. 한마디로 서구 신학은 크리스천이 마음속에 지녀야 할 진설병이 얼마나 커야 하는지를 일깨워 주었습니다.

서부 유럽에서 살다 보면 우리나라에서 일어나는 사건과 똑같은 사건이 그곳에서도 발생함을 알게 됩니다. 단지 횟수의 차이만 있을 뿐 온갖 사건이 다 일어납니다. 우리나라 우체국에서만 우편물이 분실되는 줄 알았더니 스위스 역시 마찬가지입니다. 제네바 우체국 직원이 고가품 우편물을 상습적으로 훔치다가 체포되었습니다. 제네바론 강변과 파리 센 강변에서 토막 난 시체가 발견되기도 합니다. 사람 사는 곳은 어디나 똑같습니다. 그러나 유럽의 위대성은 기독교신앙의 바탕 위에서 인간과 인류를 생각하는 사람, 다시 말해 넉넉한 진설병을 지닌 사람들을 배출했다는 데 있습니다.

불행히도 우리나라에서는 아직까지 인류를 생각하는 사람이 배출된 적이 없습니다. 우리는 모두 자신만을 생각하기 때문입니다. 끊임없이 교회가 분열하는 것 역시, 다른 생각을 지닌 사람들과 더불어 살려고 하지 않기 때문입니다. 사랑은 더불어 사는 능력입니다. 마음이 합한 사람과는 말할 것도 없고, 전혀 이질적인 사람과도 더불어 살 수 있는 능력이 곧 사랑입니다. 마음속에 크나큰 진설병을 지닌 자만 진정으로 사람을 사랑할 수 있는 까닭이 여기에 있습니다.

움직이는 성전이 된다는 것은 위에서 언급한 법궤와 금촛대 그리고 분향단과 진설병, 이 네 가지를 마음속에 갖추기 위해 자기 자신을 중단 없이 훈련시켜 가는 것을 의미합니다.

사람을 불러내는 자

제네바의 종교개혁자 장 칼뱅은 1564년에 죽었습니다. 그는 자신이 죽은 뒤에 자기 무덤을 치장하지 말라는 유언을 남겼습니다. 사람들이 자신의 무덤을 우상시할 것을 경계하기 위함이었습니다. 사람들은 그의 유언을 중시하여 제네바공동묘지에 묘비도 없이 그를 묻었습니다. 세월이 흐르면서 후세의 사람들은 장 칼뱅이 어디에 묻혔는지조차 모르게 되었습니다. 1830년, 장 칼뱅을 깊이 흠모하던 네덜란드인이 수소문 끝에 그의 무덤을 찾아냈습니다. 그리고 그 무덤 앞에, 그 역시 칼뱅의 유언을 무시할 수는 없었으므로 비석 대신 장 칼뱅의 이니셜 'J. C.'를 새긴 붉은 벽돌을 박아 두었습니다. 그로 인해 칼뱅의 묘는 그 위치가 세상에 다시 알려지게 되었습니다.

칼뱅이 죽은 지 435주년이 되는 작년 초, 제네바시의회 의원 미셸 로제티가 칼뱅의 묘를 대대적으로 보수했습니다. 무덤 주위에 대리석 포석을 깔고 철책을 두른 다음, 그 앞에 정식으로 동판까지 설치하였습니다. "위대한 개혁자, 장 칼뱅"이라 쓰인 동판이었습니다. 그러자 작년 8월, 샤를 죠르지란 이름의 제네바 시민이 미셸 로제티를 고발했습니다. 칼뱅의 유언을 무시하고 묘소를 치장한 로제티에게 벌금을 물리고 무덤을 원상복구케 하라는 내용의 형사고발이었습니다. 고발을 접수한 제네바 주 정부 검찰총장은, 개인의 유언이 과연 형사고발의 대상이 될 수 있는지는 심사숙고해 봐야겠다고 했습니다.

우리 한 사람 한 사람이 크리스천으로서 움직이는 성전이 되지 못하면, 우리가 열심을 다해 행하는 모든 일들이 실은 이처럼 공허하기 짝이 없게 됩니다. 제네바 사람들은 칼뱅의 묘에 비석을 세울 것인가 말 것인가를 놓고 서로 공방하며 재판을 벌이고 있습니다. 그러나 그들은 더 이상 그리스도를 자기 생의 주인으로 모시지는 않습니다. 말씀과 기도와도 거리가 멉니다. 우리가 움직이는 성전이 되지 않으면, 우리 평생의 목회는 무덤 앞에 비석을 세울 것인가 말 것인가로 공방을 벌이는 것과 같은 공허함에 빠지고 말 것입니다.

아프리카 가봉에서 사역하고 있는 김상옥 선교사님을 파리에서 만난 적이 있습니다. 서로 대화를 나누던 중에 그분이 잊지 못할 이야기를 했습니다. 슈바이처 박사는 여러모로 위대한 점을 많이 지니고 있었지만, 그러나 그분의 가장 위대한 점은 아프리카에 앉아 전 세계의 수많은 청년들을 빛의 세계로 불러낸 데 있다는 것입니다. 참으로 의미심장한 말입니다. 우리 각자가 하나님의 성전이 되기만 하면 장차 목회지가 어디든, 어느 곳에 어떤 모습으로 있든, 우리는 수많은 사람들을 빛으로 불러내는 참된 목사가 될 수 있습니다. 성전이 된다는 것은 주님의 통로가 되는 것이기에 곧 진리의 향기를 발하는 것이요, 향기가 있는 곳엔 반드시 나비가 찾아오게 되어 있습니다.

목사가 자기 자신을 성전으로 일구느냐 아니냐는 엄청난 차이를 초래합니다. 자신을 성전으로 세워 가는 자는 분명코 섬김과 봉사의 종이 되어 이 땅에 새로운 역사를 일구는, 수많은 사람을 어둠에서 빛으로 비양심의 세계에서 양심의 세계로 불러내는 진정한 목회자가 될 것입니다. 그러나 스스로 성전 되지 못한 목사가 목회의 현장에 나선다면, 불행하게도 그것은 또 하나의 교회 분열을 의미할 뿐입니다.

하나님 아버지, 미물에 지나지 않은 우리를 불러 주시고, 하나님의 성전으로 세워 주시기 위해 은혜 베풀어 주심을 감사드립니다. 아버지께서 허락하신 신대원 훈련기간 동안, 각자 자신을 성전으로 일구기에 게으름이 없게 하여 주옵소서. 심령 가장 깊은 지성소에 하나님의 법궤를 안치하고 다니게 하옵소서. 날마다 성령님의 조명 속에서 금촛대에 빛을 밝히게 하시고, 하나님 앞에 소리 없는 기도의 향연을 올려드림으로 아버지의 음성에 귀 기울일 줄 알게 하여 주옵소서.

가슴 아프게도 한국 교회는 대립과 분열의 역사로 얼룩져 왔습니다. 이제 우리 마음속에 크나큰 진설병을 구비케 도와주옵소서. 우리 모두 한국 교회를 위한 화해와 일치의 제물이 되게 하옵소서. 움직이는 성전으로 살아갈 우리의 삶 속에 참된 섬김과 봉사의 열매를 맺도록 도와주옵소서. 언제 어디서나 수많은 사람들을 어둠에서 빛으로, 비양심의 세계에서 양심의 세계로, 불의의 삶에서 의의 삶으로 불러내는 아버지의 도구로 쓰임 받게 하옵소서.

아버지의 부르심을 받아 목회자의 길에 나선 우리 자신이 어떤 경우에도, 이 한국 땅에서, 또 다른 교회 분열의 씨앗이 되지 않도록 우리의 심령을 날마다 붙들어 주옵소서. 예수님의 이름으로 기도드립니다. 아멘.

4
비전의 사람

바울이 회당에 들어가 석 달 동안을 담대히 하나님 나라에 대하여 강론하며 권면하되 어떤 사람들은 마음이 굳어 순종치 않고 무리 앞에서 이 도를 비방하거늘 바울이 그들을 떠나 제자들을 따로 세우고 두란노 서원에서 날마다 강론하여 이같이 두 해 동안을 하매 아시아에 사는 자는 유대인이나 헬라인이나 다 주의 말씀을 듣더라 하나님이 바울의 손으로 희한한 능을 행하게 하시니 심지어 사람들이 바울의 몸에서 손수건이나 앞치마를 가져다가 병든 사람에게 얹으면 그 병이 떠나고 악귀도 나가더라 이에 돌아다니며 마술하는 어떤 유대들이 시험적으로 악귀 들린 자들에게 대하여 주 예수의 이름을 불러 말하되 내가 바울의 전파하는 예수를 빙자하여 너희를 명하노라 하더라 유대의 한 제사장 스게와의 일곱 아들도 이 일을 행하더니 악귀가 대답하여 가로되 예수도 내가 알고 바울도 내가 알거니와 너희는 누구냐 하며 악귀 들린 사람이 그 두 사람에게 뛰어올라 억제하여 이기니 저희가 상하여 벗은 몸으로 그 집에서 도망하는지라 에베소에 거하는 유대인과 헬라인들이 다 이 일을 알고 두려워하며 주 예수의 이름

을 높이고 믿은 사람들이 많이 와서 자복하여 행한 일을 고하며 또 마술을

행하던 많은 사람이 그 책을 모아 가지고 와서 모든 사람 앞에서 불사르니

그 책값을 계산한즉 은 오만이나 되더라 이와 같이 주의 말씀이 힘이 있어

흥왕하여 세력을 얻으니라 이 일이 다 된 후 바울이 마게도냐와 아가야로

다녀서 예루살렘에 가기를 경영하여 가로되 내가 거기 갔다가 후에 로마

도 보아야 하리라 하고 자기를 돕는 사람 중에서 디모데와 에라스도 두 사

람을 마게도냐로 보내고 자기는 아시아에 얼마간 더 있으니라

사도행전 19:8-22

비전이란?

하나님께서는 잠언 29장 18절을 통해 "묵시가 없으면 백성이 방자히 행한다"고 경고하셨습니다. 여기에서 '묵시'(*khaw-zone*)란 '비전'을, '방자히 행한다'는 히브리어 '파라'(*paw-rah*)는 '신중함이나 자제력을 상실한 경거망동'을 뜻합니다. 따라서 '묵시가 없으면 백성이 방자히 행한다'는 말은 '비전이 없으면 인간은 경거망동한다'는 의미입니다.

비전이란 눈에 보이지 않는 것을 볼 수 있는 통찰력입니다. 위대한 비전의 시인이란 위대한 통찰력을 지닌 시인을 일컫습니다. 따라서 비전을 지닌 자의 시선은 언제나 오늘을 뛰어넘어 보다 먼 곳을 향해 있습니다. 동시에 자신의 시선이 맞닿아 있는 그곳에 자기 자신을 맞추기 위해 부단히 애쓰고 노력하는 사람입니다.

흔히 장래성이 있어 보이는 사람을 가리켜 "비전이 있다"고 말합니다. 그는 미래에 대한 통찰력으로 지금부터 미래의 자신을 스스로 일구어 가기에 그에게는 장래성이 있을 수밖에 없습니다. 비전이 없는 인간이 방자해지는 까닭이 여기에 있습니다. 비전이 없다는 것은 그의 시선이 목전에 머물러 있음을 의미합니다. 그런 자는 눈에 보이는 대로, 기분 내키는 대로, 감정대로, 욕구대로 살아가게 마련입니다. 그 결과 그의 삶은 방자해지지 않을 도리가 없습니다. 비전이 없으면 목사든, 교인이든, 그 누구든 방자해집니다. 이런 관점에서 크리스천은 반드시 비전의 사람이 되어야 합니다. 그러나 비전과 관련하여 우리가 혼동해서는 안 될 중요한 사실이 있습니다.

첫째, 비전은 꿈이 아니라는 사실입니다. 미국인들은 비전과 드림(dream, 꿈)을 구별 없이 사용하기도 합니다. 마틴 루터 킹 목사님이 링컨 기념관 앞에 운집한 흑인들을 향해 "I have a dream"이라 설교할 때, 그때의 꿈(드림)이란 곧 비전을 뜻했습니다. 흑인과 백인이 함께 어우러져 살아갈 새로운 미래를 향한 비전이었습니다. 그러나 황당무계한 이야기를 하는 사람에게 미국인들 역시 "꿈 깨라"고 말합니다. 이 경우의 꿈은 공허한 망상을 의미합니다.

이처럼 미국인들은 비전과 드림(꿈)을 구별 없이 사용하지만, 영어의 본고장인 영국에서는 이 양자를 분명하게 구별하여 사용합니다. 영국 수상을 역임했고 누구보다 명문장가로 알려져 있는 옥스퍼드 대학 출신의 대처 여사가 오래전 한국을 방문했을 때, 비전과 드림의 차이를 명쾌하게 풀이해 준 적이 있습니다. 즉 비전이란, 반드시 그 비전에 상응하는 행동을 수반하기에 어떤 형태로든지 결과를 초래한다는 의미에서 꿈과 차이가 날 수밖에 없다는 것입니다.

비전을 지닌 사람은 미래에 대한 통찰력을 가진 사람이요, 그 미래에 부단히 자신을 맞추어 가기에 어떤 형태로든 가시적인 결과가 수반되게 마련입니다. 그러나 꿈은 다만 머릿속으로 즐기는 것으로 끝나 버립니다. 꿈은 거기에 상응하는 구체적인 행동을 요구하지 않습니다. 그 어떤 책임이 뒤따르는 것도 아닙니다. 따라서 단지 즐기는 것만으로 족한 꿈이란 현실도피요 망상에 지나지 않습니다.

'아메리칸 드림'(American Dream)이란 말이 있습니다. 그 누구도 '아메리칸 비전'(American Vision)이라고 말하지는 않습니다. 아메리칸 드림은 아메리카 대륙이란 특정 공간에 국한된 꿈을 일컫습니다. 아메리카 대륙에 사는 모든 사람이 다 자신의 꿈을 이룰 수 있다면 아메리칸 비전이라 함이 타당할 것입니다. 그러나 아메리칸 비전이 아니라 아메리칸 드림입니다. 아메리카 대륙에서 비전으로서의 꿈을 이루는 사람은 극소수요, 나머지 사람의 꿈은 망상과 구별되지 않기 때문입니다. 미국은 꿈의 나라로 알려져 있지만, 그러나 꿈 때문에 패가망신하는 나라이기도 합니다. 한국인들 중에도 얼마나 많은 사람들이 자신의 망상을 좇아 태평양을 건넜다가 패가망신했는지 모릅니다. 비전이 없으면 인간은 방자해지고, 망상을 좇는 인간은 패가망신하고 맙니다.

둘째, 비전은 야망(ambition)이 아닙니다. 야망은 그것을 실현하기 위한 구체적인 행동을 수반한다는 면에서 망상과 구별됩니다. 또 야망을 지닌 자는 오늘에 안주하지 않고 무엇인가 새로운 목표를 향해 계속 나아간다는 면에서 야망이 비전과 동일해 보이기도 합니다. 그러나 비전은 오늘을 뛰어넘어 긍정적인 방향으로의 자기 계발과 자기 가꿈이기에, 비전은 이루어지면 이루어질수록 모두에게 유익합니다. 그 누구에게도 해가 되지 않습니다. 반면에 야망은 욕망의 산물입니다. 아무리 높은 곳에 야망을 설정했더라도 그 근본은 욕망입니다. 따라서 야망을 이루어 나가는 과정이 참되거나 바를 수 없습니다. 야망을 위해서라면 수단과 방법을 가리지 않는 법이기에, 야망은 성취되면 될수록 자기 자신과 타인을 동시에 해치는 흉기가 됩니다.

비전이 없으면 인간은 방자해집니다. 망상을 좇으면 패가망신합니다. 더욱이 인간이 야망의 노예가 되면 백해무익한 흉기로 전락하고 맙니다. 우리는 모두 비전의 사람이 되어야 합니다. 그때에만 자신과 타인을 모두 살리는 바른 목사가 될 수 있습니다.

비전의 왜곡

그러나 심각한 문제가 있습니다. 대부분의 크리스천들이 비전을 망상과 혼동하거나 야망과 동일시하고 있다는 사실입니다. 더 가슴

아픈 것은 역사적으로 교회가 비전이라는 미명하에 망상과 야망을 부추겨 왔다는 것입니다. 2천 년의 교회 역사를 되돌아보건대 천년 왕국이니 지상천국이니 하며 크리스천들이 주어진 삶에 대한 책임과 의무를 외면, 현실을 도피하고 허황한 망상을 좇았던 적이 얼마나 많았습니까? 그 피해가 얼마나 극심했으면 공산주의자들이 종교를 인민의 아편이라 폄하했겠습니까? 마르크스가 인민의 아편이라 단정한 종교는 불교나 힌두교가 아니었습니다. 그가 말한 종교는 바로 기독교였습니다. 뿐만 아니라 서구 크리스천들은 비전과 야망을 동일시, 자신들의 야망을 성취하기 위해 아프리카 대륙을 강탈하고 그곳 흑인들을 노예로 팔거나 부렸습니다. 그것도 모자라 중동 땅마저 앞다투어 훔쳤습니다.

지난 3월 2일은 이슬람교의 최대 명절인 '하지'였습니다. 그때 성지순례를 위해 온 세계에서 사우디아라비아의 메카에 모인 이슬람교도의 수는 무려 200만 명이었습니다. 한 손에는 성경을 들고 또 다른 손으로는 중동과 아프리카 대륙을 강탈했던 서구 크리스천들이 도리어 이슬람 교도들을 똘똘 뭉치게 해 주었습니다. 그들에게 크리스천이란 자신들의 삶의 터전을 빼앗은 폭도에 지나지 않았습니다. 그들은 자기 자신들을 지키기 위해 이슬람교를 중심으로 뭉칠 수밖에 없었습니다. 백인들의 손에는 어김없이 성경이 들려 있었지만, 그러나 그들의 야망은 역설적이게도 이슬람교의 단결을 초래하는 촉매가 되었습니다.

미국으로 건너간 백인 역시 마찬가지였습니다. 그들에게 아메리카 신대륙 경영은 자신들의 새로운 야망 경영일 뿐이었습니다. 그들은 자신들의 야망을 위해 수없이 많은 인디언들을 죽이고 그 땅을 자신들의 소유로 삼았습니다. 그리고 살아남은 인디언들을 사람으로 대접하지도 않습니다. 오늘날 미국을 여행하면서 인디언 집단거주지역을 한 번이라도 찾아가 본다면, 언젠가 하나님의 심판이 백인에게 반드시 임할 것임을 느끼지 않을 수 없습니다.

19세기 일본 삿포로에 농업학교를 세운 클라크 박사는 그 학교에 입학한 일본 학생들에게 설교하던 중 이렇게 말했습니다.

"Boys, be ambitious(소년들이여, 야망을 품으라)."

이 말이 훗날 미국으로 역수입되었습니다. 19세기 말에서 20세기 초에 걸쳐 일어난 대부흥운동의 중심엔 항상 'be ambitious'란 구호가 자리 잡고 있었습니다. 마치 신앙이 야망인 것처럼, 야망을 품지 않으면 신앙이 없는 사람인 것처럼 여겨졌습니다. 그리고 이와 같은 풍조는 지금까지 미국 크리스천 사이에 만연되어 있습니다.

그 결과 오늘날 미국은 어떤 사회가 되어 있습니까? 불과 30년 전 미국의 닉슨 대통령은 우리의 관점에서 본다면, 거짓말다운 거짓말도 아닌 거짓말로 인해 탄핵의 위기에서 스스로 사임해야만 했습니다. 그러나 클린턴 현직 대통령은 백악관 집무실에서 르윈스키와 부적절한 성적 관계를 갖고서도 거짓말했음이 백일하에 밝혀졌음에도, 여전히 대통령직을 굳게 지키고 있습니다. 미국의 도덕성이 그만큼 붕괴되었다는 예증이 아닐 수 없습니다. 생각해 보십시오. 대통령이 거짓말을 하고도 자기 자리를 지키는 판에 어느 공직자가 정직하게 일하려 하겠습니까? 그런 사회 속에서 자라는 어린이들이 어떻게 정직을 반드시 지켜야 할 삶의 덕목으로 삼으려 하겠습니까? 미국 사회는 이렇듯 내적으로 서서히 무너져 가고 있습니다.

미국을 여행하다 보면 대부분의 대도시에서는 밤거리를 걸을 수 없습니다. 여행객뿐만 아니라 미국 백인 역시 밤거리보행을 피합니다. 흑인들이 무섭기 때문입니다. 소련 붕괴 이후 미국은 세계 유일의 초강대국입니다. 미국이 갖고 있는 핵무기만으로도 온 세계를 초토화할 수 있습니다. 그러나 그 강력한 무기와 세계 유일의 슈퍼 파워를 지닌 미국 대통령의 권력도 자국 밤거리의 안전을 지키지 못합니다. 자기 야망을 위해 아프리카에서 흑인을 잡아다 짐승처럼 혹사시켰던 죗값으로 그들은 자신들의 밤거리를 흑인에게 빼앗겨 버리고 말았습니다.

작년 8월 미국 콜로라도 검찰이 열한 살 된 소년 라울로를 아무런 법적 절차 없이 체포, 형무소에 수감했습니다. 옆집 할머니가 라울로를 경찰에 고발했기 때문입니다. 스위스인인 라울로의 부모는 미국 이민 후에 라울로를 낳았기에, 라울로는 법적으로 태어날 때부터 미국 시민권자였습니다. 그 라울로에게 다섯 살 된 여동생이 있었는데, 라울로가 여동생을 '터치'(touch)했다고 옆집 할머니가 고발한 것입니다. 이 동사가 성적인 의미를 지니면 추행이 된다고 합니다. 열한 살짜리 소년이 다섯 살짜리 여동생을 어떻게 추행했는지에 대한 구체적인 설명은 전혀 없었습니다. 단지 옆집 할머니의 전화 한 통에 경찰은 즉시 라울로를 체포하여 수감하였습니다. 이 사실이 유럽에 전해지자 미국의 처사를 비난하는 여론이 들끓었습니다. 국제사면위원회는 즉각 콜로라도 법정의 부당성을 지적했고, 라울로 부모의 조국인 스위스는 미국 정부에 공식적으로 항의했습니다. 어린아이를 수감하려면 소년원으로 보내야 하고 그것도 정확한 죄목이 있어야 하는데, 그 어느 쪽도 아니라는 것이었습니다. 마침내 콜로라도 법원은 73일 만인 작년 11월 10일 면소(免訴)판결을 내려 라울로를 석방했습니다. 그러나 두 가지의 조건을 달았습니다. 첫째 라울로는 부모와 함께 미국이 아닌 스위스에서 살아야 한다는 것이요, 둘째 스위스 도착 즉시 정신과 의사의 진단을 받아야 한다는 것이었습니다.

이 사건이 시사하는 바가 무엇이겠습니까? 미국이란 사회는 할머니의 전화 한 통에 열한 살짜리 소년을 즉각 체포하지 않을 수 없을 정도로 청소년 성문제가 심각한 위기에 처해 있다는 것입니다. 이제는 미국 사회가 더 이상 청소년의 성범죄를 막지 못합니다. 이 불행한 현실이 대체 어디에서부터 유래되었겠습니까? 말할 것도 없이 비전과 야망의 혼동입니다. 야망의 성취를 위해 모든 수단과 방법을 정당화하는 사이, 미국 사회는 모든 면에 걸쳐 자정능력을 스스로 상실해 가고 있습니다.

한국 교회라고 예외인 것은 아닙니다. 신앙촌, 오대양, 휴거 등 별

의별 이단이 다 창궐한 것은, 한국 크리스천 중에 그만큼 망상을 좇는 자가 많다는 반증입니다. 그동안 대부분의 부흥회는 인간의 야망에 불을 지르는 집회였다고 해도 과언이 아닐 정도입니다. 그 결과 한국 사회는 1천만 크리스천이 있다고 하면서도 날로 타락 일변도입니다.

비전의 실체

비전이 없으면 인간은 방자해집니다. 망상을 좇으면 패가망신합니다. 야망을 좇으면 그 인간은 자신과 타인을 동시에 해치는 흉기가 됩니다. 크리스천은, 목사는, 비전의 사람이 되어야 합니다.

그렇다면 우리가 지녀야 할 비전이란 구체적으로 무엇이겠습니까? 문제는 내가 자리에 앉아 나의 비전을 애써 찾으려 하면 그것은 망상이나 야망일 수밖에 없다는 것입니다. 따라서 중요한 것은 나의 비전이 아니라, 나를 통해 이루시기 원하는 하나님의 비전입니다. 지구상에 60억 인구가 있음에도 그 위에 더하여 나를 태어나게 하신 것은 나를 통해 이루실 하나님의 비전이 있기 때문입니다. 그 비전만이 인간의 야망이나 망상과는 무관하게 나와 타인을 동시에 살리는 참다운 비전입니다. 나를 통해 이루시려는 하나님의 그 비전을 찾기 위해서는, 무엇보다도 먼저 하나님을 나 자신의 비전으로 삼아야 합니다. 천지를 창조하신 하나님보다 더 큰 비전은 없습니다.

흔히 사람들은 비전에 대해 언급할 때 요셉을 예로 듭니다. 요셉은 어릴 적 꿈을 꾸었습니다. 형제의 곡식 단, 형들의 별, 심지어는 부모의 해와 달까지 자신에게 절하는 꿈이었습니다. 그래서 이렇게 이야기하곤 합니다.

"요셉처럼 꿈을 갖자. 요셉은 큰 꿈을 지니고 살았기에 이집트의 국무총리가 되었다. 우리 모두 요셉처럼 큰 비전의 사람이 되자."

이처럼 요셉의 꿈을 비전과 동일시하고 있습니다. 지금은 모르겠습니다만, 몇 해 전까지만 해도 우리 총회에서 발간된 주일학교 공과 역시 이런 식이었습니다. 이것이 과연 성경적으로 맞는 말입니까? 성경은 전혀 그렇게 이야기하고 있지 않습니다. 요셉은 분명히 꿈을 꾸었습니다. 그러나 어릴 적 꿈의 내용처럼, 형들이 요셉에게 무릎을 꿇고 절한 것은 많은 세월이 흐른 후였습니다. 형들에 의해 이집트로 팔려 간 요셉은 13년 동안 종살이와 옥살이를 했습니다. 그 7년간의 풍년을 거쳐 극심한 흉년에 접어들어서야 형들이 요셉에게 절을 했으니, 요셉이 꿈을 꾼 지 최소한 20년이 지나서였습니다. 당시의 상황을 창세기 42장 9절이 전해 주고 있습니다.

요셉이 그들에게 대하여 꾼 꿈을 생각하고(9상)

이집트의 국무총리가 된 요셉은 형들이 자신을 알아보지 못한 채 자신에게 무릎 꿇고 절하는 것을 보면서, 그제야 어릴 적 자신이 꾸었던 꿈을 생각했습니다. 바꾸어 말하면 요셉은 20년간 그 꿈을 까마득히 잊고 살았습니다. 요셉이 그 꿈을 자신의 비전으로 삼은 적은 더더욱 없었습니다. 한번 생각해 보십시오. 가나안 땅 부잣집의 열한 번째 아들로 태어나 아버지의 총애 속에 형제 중 혼자 때때옷 입고 살던 요셉이, 하루아침에 형들에 의해 이집트의 노예로 팔려 가고 설상가상으로 옥살이까지 합니다. 그때 예전의 꿈 자체를 자신의 비전으로 삼았다면 이국 땅에서 절망의 종살이와 옥살이를 어떻게 감당했겠습니까? 부모형제가 있는 편안한 집으로 도망치려다 붙잡혀 곤욕을 치르든지, 아니면 종살이와 옥살이의 고통을 이기지 못해 화병이나 정신병으로 죽고 말았을 것입니다.

창세기 39장 2절은 그가 이집트의 노예로 전락한 직후의 형편을 밝혀 주고 있습니다.

여호와께서 요셉과 함께하시므로 그가 형통한 자가 되어 그 주인 애굽 사람의 집에 있으니

무슨 의미이겠습니까? 요셉은 그 급전직하(急轉直下)의 상황 속에서 자신의 망상이나 야망을 붙잡은 것이 아니라, 오직 하나님을 비전으로 삼았다는 말입니다. 하나님을 비전으로 삼은 그는 이국 땅에서 종살이와 옥살이를 거치면서 하나님에 의해 새로이 일구어져 갔습니다. 그리고 마침내 때가 되자, 하나님께서는 요셉을 통해 인류를 기

근에서 구원하시려는 당신의 비전을 이루셨습니다. 그것은 결코 요셉의 비전이 아니었습니다. 오직 하나님의 비전이었습니다.

사도행전 19장 21절은 사도 바울이 에베소에서 로마 복음화의 비전을 품게 되었음을 전해 주고 있습니다. 적지 않은 사람들이 바울에게 회심 직후부터 로마 복음화의 비전이 있었던 것으로 생각합니다. 그래서 청년집회에서는 으레 바울과 같은 큰 비전을 품자고 강조합니다. 그러나 이것 역시 철저하게 비성경적임을 성경이 직접 밝혀 주고 있습니다.

다마스쿠스로 가던 청년 바울이 주님의 빛에 사로잡혔습니다. 눈에서 비늘이 벗겨지고, 자신이 그토록 부정하던 주님께서 살아 계신 그리스도심을 확인하였습니다. 청년 바울 속에는 그 즉시 자신이 만난 주님을 전하고픈 열정이 솟구쳤습니다. 그는 다마스쿠스에서 지체없이 복음을 전하기 시작했습니다. 그러나 뜻밖에도 결과는 유대인들의 반발이었습니다. 바울을 유대교의 배신자로 간주한 유대인들이 그를 죽이려고 한 것입니다. 한밤중에 겨우 다마스쿠스를 빠져 나온 바울은 아라비아 광야에서 3년 동안 홀로 경건의 훈련을 가졌습니다. 그 이후 예루살렘으로 상경, 사도들과 함께 무엇인가 뜻있는 일을 도모하려 했습니다. 그러나 사도 주위의 사람들이 바울을 경계했습니다.

"크리스천들을 핍박하던 저 사람은 위험한 자다. 또다시 무슨 흉계를 꾸밀지 모른다."

결국 바나바가 신원보증을 하고서야 겨우 베드로를 만날 수 있었습니다. 그러나 예루살렘의 유대인들 역시 그를 죽이려 하였습니다. 어쩔 수 없이 고향 다소로 낙향한 바울은 무려 13년 동안이나 고향에서 칩거해야만 했습니다. 그러던 어느 날 뜻하지 않게 안디옥 교회의 바나바 목사가 찾아와 공동목회를 제의했습니다. 안디옥 교회에서 공동목회를 시작한 지 1년여 지나 그는 선교사가 되었습니다. 그때까지 바울은 목회자나 선교사가 되겠다고 꿈꾸어 본 적도 없었습니다.

　　바울은 수개월에 걸쳐 바나바와 함께 2,300킬로미터의 거리에 12개 도시를 거치는 1차 선교여행을 마치고 안디옥으로 돌아왔습니다. 얼마 후 1차 선교지의 교회를 둘러보기 위해 2차 여행을 떠나기로 했습니다. 그러나 출발 직전 바울과 바나바 사이에 대판 싸움이 벌어졌습니다. 바나바는 1차 선교여행 중에 까닭 없이 도중하차 했던 마가를 이번에도 수행자로 데려가기 원했던 반면, 바울은 그처럼 무책임한 청년과 다시 동행할 수는 없다고 반대한 것입니다. 결국 마가로 인한 의견 충돌로 두 사람은 결별하고 말았습니다. 자신과 헤어진 바나바가 마가를 데리고 1차 여행의 첫 기착지였던 사이프러스 섬으로 향했기에, 바울은 할 수 없이 실라를 데리고 그 반대 방향인 소아시아 대륙(현재의 터키)으로 올라갔습니다. 그러나 가는 곳마다 성령님께서 자꾸 앞길을 가로막으셨습니다. 바울은 오직 성령님의 푸른 신호등을 좇아 드로아로 갔다가 자신에게 도움을 청하는 마게도니아인의 환상을 보고 그것을 주님의 뜻으로 간주, 배를 타고 마게도니아로 건너갔습니다. 복음을 들고 유럽 대륙에 첫발을 내디딘 셈이었습니다. 그 역시 자신이 꿈꾸던 일이 아니었습니다.

약 5천 킬로미터에 걸친 2차 선교여행을 거쳐 장장 6천여 킬로미터에 달한 3차 선교여행을 마감할 즈음 에베소를 찾은 바울은, 하나님께서 자신을 통해 이루시려는 하나님의 궁극적 비전이 로마임을 비로소 깨달았습니다. 다마스쿠스 도상에서 주님께 사로잡힌 지 최소한 20년이 흐른 후의 일이었습니다. 다시 말해 청년 시절에 회심한 바울이 자신의 생을 던져야 할 로마의 비전을 깨달은 것은 장년이 되어서였습니다. 그때까지 하나님께서는 바울을, 당신의 비전을 이루는 도구가 될 수 있게끔 당신의 방법으로 친히 가꾸셨습니다. 그리고 마침내 바울이 합당한 도구가 되었을 때, 하나님께서는 그를 통해 로마 제국의 역사를 새롭게 하시려는 당신의 비전을 이루셨습니다. 그때까지 바울의 비전은 오직 하나님이었습니다. 하나님께서 가라시면 돌이 날아드는 곳이라도 가고, 가지 말라시면 영광과 안일이 보장된 곳일지언정 발길을 거두었습니다. 하나님만이 그의 비전이었기에 당장 납득할 수 없는 일일지라도 그는 하나님께 철저하게 순종했고, 그 같은 바울의 삶을 통해 하나님의 비전은 온전히 성취되었습니다.

만약 청년 바울이 다마스쿠스에서 주님을 만난 직후부터 로마 복음화의 꿈을 지녔더라면, 그래서 청년의 열정만으로 로마에 뛰어들었다면, 그는 결코 오늘날 우리가 아는 사도 바울이 되지는 못했을 것입니다. 비전이란 이름으로 포장된 그의 야망과 망상은 머지않아

실체를 드러내었을 것이고, 전혀 준비되지 않은 그는 스스로 중도하차 하거나 아니면 변질되고 말았을 것입니다. 로마 복음화는 바울이 비전의 사람이되, 오직 하나님을 자신의 비전으로 삼은 결과였습니다.

비전의 사람은?

비전이 없으면 인간은 방자해집니다. 망상을 좇으면 패가망신합니다. 야망의 노예가 되면 자신도 해치고 다른 사람도 해치게 마련입니다. 우리는 모두 비전의 사람이 되어야 합니다. 그 누구 그 무엇도 아닌, 오직 하나님을 비전으로 삼아야 합니다. 우리가 하나님을 비전으로 삼아 하나님의 비전을 이루어 드리는 비전의 사람이 되기 위해서는, 우리 모두 반드시 유념해야 할 다섯 가지 사항이 있습니다.

현장의 중요성

하나님의 비전은 언제나 삶의 현장에서 주어집니다. 바울이 책상 앞에 앉아 자신의 비전이 무엇인가 골몰한 끝에 로마의 비전을 얻은 것이 결코 아닙니다. 만사를 제쳐 놓고 심산유곡(深山幽谷) 기도원을 찾아 금식기도 하다가 얻은 것도 아닙니다. 매일매일 주어진 삶에 최선을 다하던 중, 그 삶의 현장에서 자신을 통해 이루기 원하시는 하나님의 비전을 깨달았습니다.

인생이란 하얀 백지 위에 하루하루 색종이로 모자이크해 가는 것과 같습니다. 모자이크를 직접 행하는 예술가 외엔 그 모자이크가 이루려는 최후의 그림이 어떤 구도나 내용인지 처음에는 알 수 없듯이, 하나님께서 우리 각자를 통해 이루시려는 당신의 궁극적 비전 역시 우리가 당장은 알 수 없습니다. 그러나 주어진 우리 삶의 현장에서 최선을 다하여 매일의 색종이를 충실히 붙여 가노라면, 어느 날 불현듯 완전한 형태의 하나님 비전을 보게 됩니다. 우리 나날의 삶은 하나님의 그 비전을 드러내기 위한 하나님의 모자이크 판인 셈입니다. 바울은 20여 년 만에 그 모자이크 판에서 로마라는 하나님의 비전을 생생하게 읽을 수 있었습니다.

비전은 결코 삶과 괴리되지 않습니다. 하나님을 비전으로 삼은 자는 누구보다 현재 주어진 삶의 현장에 충실해야 합니다. 이미 언급했듯이 현세주의자여서가 아니라 하나님의 비전을 이루어 드리기 위함입니다. 잊지 마십시오. 하나님의 비전은 허공에서 이루어지지 않습니다. 하나님의 비전은 인간을 위한 비전이고, 인간의 삶을 위한 비전입니다. 그러므로 지금 내게 주어진 삶의 현실과 현장을 적극적으로 받아들이지 않고서는 하나님을 나의 비전으로 삼을 수도 없고, 하나님께서 나를 통해 이루기 원하시는 비전을 포괄할 도리도 없습니다.

지닌 것의 소중함

하나님을 비전으로 삼은 자는, 오늘은 곧 내일을 위한 예비라는 사실을 인식하며 사는 자입니다. 하나님께는 나를 통해 이루실 당신의 비전이 있습니다. 그때가 정확하게 언젠지는 모르지만, 미래라는 의미에서는 내일입니다. 오늘은 그 내일이 이르기까지 반드시 거쳐야 할 과정이요, 오늘의 모든 것이 그날을 위한 예비입니다. 그렇다면 지금 내가 지니고 있는 것들의 소중함을 깨달아야만 합니다. 지금 내가 지니고 있는 모든 것은, 내일 하나님의 비전을 이루기 위한 귀중한 도구들입니다.

우리의 외모는 하나님께서 우리 각자를 위해 직접 빚어 주신 하나님의 선물입니다. 지금 유럽 성악계에 혜성처럼 떠오르는 한국 여성이 있습니다. 그 자매님은 단역이나 조역을 거치지 않고 처음부터 푸치니의 오페라 〈나비부인〉의 주인공으로 발탁되었습니다. 자매님의 데뷔 이후 오스트리아와 독일의 일부 신문이 〈나비부인〉이 본래 동양(일본)여인인 것에 착안, "이제야 비로소 나비부인을 찾았다"고 보도하기도 했습니다. 유럽인은 오페라나 음악회에서 감동이 클 경우 박수를 칠 뿐만 아니라 발로 바닥을 구릅니다. 오스트리아에서는 그녀의 공연이 끝나면 관객들이 앙코르를 연발하며 발로 바닥을 구릅니다. 연로한 관객들은 공연을 공연으로 보지 않고 실제의 사건으로 받아들이기도 합니다. 〈나비부인〉은 일본 나가사키를 무대로 전개되는 비극으로, 미국인 해군사관 핀커튼이 일본 기생 나비부인을 데리고 놀다가 끝내 차 버린다는 내용입니다. 그래서 공연이 끝나면 연로한 관객들이 분장실로 핀커튼 역의 남자 가수를 찾아가, "너 그러면 안 돼!" 하고 항의하는 해프닝이 벌어지는 것입니다. 아직 신인이긴 하지만 그 자매님은 그 정도로 사랑받는 오페라 가수입니다.

유럽에서 성악을 전공한 후 아직까지 현지에서 일자리를 구하지 못한 한국 청년들이 부지기수인 것으로 알려져 있습니다. 성악전공의 유럽 청년들은 또 얼마나 많겠습니까? 그러므로 한 극장의 주연으로 발탁된다는 것은 하늘의 별따기만큼이나 어려운 일입니다. 이탈리아에서 수년 동안 유학한 그 자매님 역시 어렵기는 마찬가지였습니다. 그러던 어느 날, 자신이 아직 빛을 보지 못한 것은 못생긴 눈 때문이라 단정한 자매님은 쌍꺼풀 수술을 받기로 결심, 며칠을 두고 남편을 설득하여 겨우 허락을 받았습니다. 그리고 서울에 있는 어머니에게 전화, 자신의 귀국일에 맞추어 제일 좋은 성형외과를 잡아 달라고 부탁했습니다. 쌍꺼풀 수술의 세계적 권위자는 거의 한국인이라고 합니다. 그도 그럴 것이 서구 백인들은 태어날 때부터 쌍꺼풀이 있기 때문입니다. 딸의 전화를 받은 어머니는 수소문하여 장안에서 쌍꺼풀 수술의 제일 권위자라는 의사를 찾아내었습니다. 그러나 얼마나 예약이 밀려 있던지 딸이 원하는 기간엔 어림도 없었지만, 어머니는 '백'을 동원하여 기어이 원하는 날짜를 받았습니다. 그 소식을 접한 자매님은 여간 기쁘지 않았습니다. 그런데 바로 그 주간, 주일 예배 시간 목사님의 설교 내용이 유별났습니다.

"왜 주어진 것에 감사하지 않습니까? 왜 여자들이 멀쩡한 눈에 쌍꺼풀 수술을 받습니까? 쌍꺼풀 수술을 받고 이다음에 죽어서 하늘나라에 갔는데 하나님께서, '넌 누구냐, 난 네게 쌍꺼풀을 준 적이 없는 데 대체 넌 누구냐' 이렇게 물으시면 어쩌시렵니까?"

오늘날 한국 크리스천의 성경공부 열기는 세계에서 그 유례를 찾 아보기 어려울 정도입니다. 그러나 목사를 포함한 한국 크리스천의 문제는 성경공부를 즐기기만 할 뿐, 배운 것을 자신의 삶에 적용하지 는 않는다는 겁니다. 그러나 자매님은 다소 유치하게 들릴 수도 있는 그 설교를 자신의 문제로, 자신을 향한 주님의 음성으로 받아들였습 니다. 그는 곧 서울 어머니에게 전화, 쌍꺼풀 수술을 받지 않겠다고 말했습니다. 그 말에 어머니가 화를 내었습니다. 얼마나 어렵게 받은 수술 날짜인지 아느냐며 계획대로 할 것을 독촉했습니다. 그러나 자 매님은 마음을 바꾸지 않았습니다. 그 대신 수술 예약일과 겹쳐 있던 소규모 콩쿠르에 참가하였고, 거기에서 뜻밖의 대상을 수상했습니 다. 놀랍게도 그 현장에 앉아 있던 독일의 한 극장장에 의해 자매님 은 그 자리에서 전격적으로 나비부인에 발탁되었습니다.

조연 경험도 없는 사람이 하루아침에 주연을 하려니 얼마나 힘들 었겠습니까? 하루는 자매님이 극장장에게 자기처럼 서툰 사람을 왜 주연으로 뽑았는지 이유를 물었습니다. 극장장의 대답은 '당신의 눈 때문'이라는 것이었습니다. 극중의 나비부인은 일본 여성이지만, 일 본인의 가창력은 한국인에 비해 현격하게 떨어진다고 합니다. 혹 가 창력을 지녔다 해도 유럽에 진출한 일본 성악인 중에 쌍꺼풀 수술을 받지 않은 여성이 없기에, 일본 여성을 무대 위에 올려놓으면 유럽

관객 보기에는 일본인으로 느껴지지 않는다고 합니다. 따라서 충분한 가창력을 지니고서도 쌍꺼풀이 없는 동양여자라는 것이 자신을 발탁한 배경이라는 것이었습니다. 쌍꺼풀 수술을 받았던들 결코 일어날 수 없는 일이었습니다. 그 사실을 알고 난 이후 자매님은 무대 위에서 단순히 나비부인을 노래하는 것이 아닙니다. 자매님은 주어진 배역을 통해 하나님을 찬양하고 있습니다.

하나님께서는 내게 주신 나의 외모를 통해 당신의 비전을 이루어 가십니다. 그러므로 모든 크리스천은 자신의 외모를 사랑해야 합니다. 자신의 외모를 상대적으로 평가, 열등감을 갖는 것은 금물입니다. 특히 목회자가 자신의 외모에 대한 열등감을 지니는 것은 위험천만한 일입니다. 외적 열등감을 지닌 목회자는 사람을 바르게 쳐다보지 못하고, 자신의 눈이 상대의 눈과 마주치지 못하면 그 사람과의 관계에서 성령님의 역사는 제한됩니다. 더욱이 목회자의 외적 열등감은 한순간 상대를 해치는 흉기로 둔갑할 수도 있습니다. 엘리야로부터 갑절의 영감을 받은 엘리사가 엘리야의 겉옷으로 요단강을 치자 순식간에 요단강이 갈라졌습니다. 한 개인을 위해 요단강이 갈라진 것은 그때가 유일했습니다. 그 정도로 영감과 능력이 충일했던 엘리사가 그 직후에 한 일이 무엇이었습니까? 대머리인 자신의 외모를 놀리는 자 마흔두 명을 저주, 그 자리에서 죽여 버리고 말았습니다. 엘리사 일생 최대의 실수였습니다.

하나님께서는 쌍꺼풀이 있는 사람을 통해서도 역사하시지만, 없는 사람을 통해서도 역사하십니다. 쌍꺼풀이 없다거나 키가 작다는 것이 하나님의 실패를 의미하는 것은 결코 아닙니다. 우리의 외모는 우리를 가장 잘 아시는 하나님께서 우리 각자에게 내려 주신 하나님의 은총입니다. 이것을 깨달을 때, 우리는 어디서나 당당하게 하나님의 비전을 이룰 수 있습니다.

지금 내게 주어진 상황이 어떠하든, 그 상황 자체의 소중함을 알아야 합니다. 바로 그 상황을 거치는 것이 그 상황을 내게 주신 하나님의 비전이 이루어지는 길이기 때문입니다.

우리나라 바둑기사 중 이창호 국수는 어릴 적부터 천재 기사로 일컬어져 왔습니다. 중국과 일본에서도 이창호 국수 같은 천재는 흔치 않다고 합니다. 얼마 전 모 일간지에서 이창호 국수의 괴력이 어디에서 나오는지를 알아보기 위해 이 기사의 어린 시절을 취재, 보도한 적이 있었습니다. 그는 전주에서 시계방의 아들로 태어났습니다. 할아버지에서 아버지에 이르기까지 60년의 역사를 지닌 시계방이었습니다. 이를테면 그는 출생과 동시에 수많은 시계의 초침소리 속에서 자랐습니다. 이창호 국수의 최대 강점은 끝내기에 있습니다. 형세가 불리한 바둑판을 끝내기에서 역전시키는 것은 그의 특기입니다. 바둑판이 일단 초읽기에 들어가면 모든 기사는 초조해집니다. 평상심을 견지하기 어려워지는 것입니다. 그러나 이창호 국수에게는 전혀 문제가 되지 않습니다. 초읽기의 초침소리는 어머니의 태속에서부터 듣던 소리이기에 평상심을 잃을 까닭이 없는 것입니다. 그가 끝내기의 달인이 된 것은 이처럼 그의 어린 시절과 불가분의 관계를 이루고 있습니다.

혹 이런 생각을 해 보십시다. 이창호 국수가 어린 시절 짓궂은 친구들로부터 시계방 아들이라 놀림을 받았을 수도 있습니다. 왜 우리 아빠는 회사 사장이 아닐까, 왜 우리 아빠 직업은 친구 아빠들처럼 좀 더 멋진 직업이 아닐까, 왜 아빠는 할아버지를 이어 60년 동안 똑같은 자리에서 굳이 저런 일을 하고 계실까, 이렇게 아쉬워한 적이 있을 수도 있습니다. 그러나 어떻습니까? 그에게 주어졌던 상황이 오늘날 세계 최고의 기사, 이창호 국수를 있게 하였습니다.

요셉을 보십시오. 그는 형제들 중에서 홀로 때때옷 입는 것을 만족스럽게 여기던 이기적인 소년이었습니다. 형들의 일을 도와주기는커녕 도리어 형들의 허물을 아버지에게 고자질할 정도로 비겁하기도 했습니다. 마침내 그를 미워한 형들에 의해 이집트로 팔려간 그는 하루아침에, 이집트 파라오의 경호대장 보디발의 집에서 종살이를 하게 되었습니다. 얼마 후 그는 보디발의 신임을 얻어 그 집에 속한 모든 소유와 재정을 도맡게 되었습니다. 그 집에는 왕의 죄수들, 말하자면 국사범들을 가두는 감옥이 딸려 있었습니다. 이처럼 그 집은 개인 가옥이 아니라 감옥이 딸려 있는 거대한 공관이었습니다(창 40:2- 3). 그러므로 요셉이 그곳에서 책임져야 했던 재정 규모는 상당했을 것입니다. 요셉은 보디발의 공관에서 자신도 의식치 못하는 가운데

재무 훈련을 받은 셈이었습니다.

그러던 어느 날 요셉은 보디발 아내의 모함에 빠져 억울한 옥살이를 하게 됩니다. 요셉이 갇힌 감옥은 보디발의 공관 안에 있는 감옥이었습니다. 요셉은 옥살이를 하면서도 보디발의 신임을 얻어 감옥 안 모든 죄수를 관리하게 되었습니다. 그곳에 수감된 죄수들은 요셉을 제외하곤 모두 왕의 죄수들, 즉 국사범 혹은 정치범들이었습니다. 요셉은 그 감옥 안에서 이번에는 자신도 모르게 인사 관리 훈련과 정치 수업을 받았습니다. 이 과정을 거친 후에 그는 당시 세계 최대의 제국 이집트의 국무총리가 되었습니다.

결코 착각하지 마십시오. 흔히 오해하듯, 요셉은 꿈 한번 잘 꾸어서 이집트의 국무총리가 된 것이 결코 아닙니다. 13년 동안 하나님께서 주신 종살이와 옥살이의 상황 속에서 하나님에 의해 철저하게 훈련받은 결과가 국무총리였습니다. 그 당시 이집트 전역에서 국무총리가 되기에 필요한 재무 관리 및 인사 관리 훈련 그리고 정치 수업을 요셉만큼 체계적으로 거친 자는 없었습니다. 그 연후에야 그를 통해 인류를 기근에서 구원하시려는 하나님의 비전이 이루어졌습니다.

지금 어떤 상황에 처해 있습니까? 혹 가난의 상황입니까? 그 상황을 소중하게 받아들이십시오. 육체적으로 연약한 상황입니까? 그 상황도 보배처럼 받아들이십시오. 불치의 병 속에서 '내 은혜가 족하다'고 고백한 바울처럼 말입니다. 평생 갖가지 지병으로 시달리던 일본의 여성작가 미우라 아야꼬가 무엇이라 고백했던가요?

병들지 않고서는 드리지 못할 기도가 따로 있습니다.

병들지 않고서는 믿을 수 없는 기적이 따로 있습니다.

병들지 않고서는 들을 수 없는 말씀이 따로 있습니다.

병들지 않고서는 가까이 갈 수 없는 성소가

따로 있습니다.

병들지 않고서는 우러러볼 수 없는 얼굴이

따로 있습니다.

오, 병들지 않고서는 나는 인간이 될 수조차도 없습니다.

병들고 연약한 상황 속에서, 우리는 하나님의 손길에 의해 오히려 건강할 때보다 더욱 바르게 가다듬어집니다. 우리에게 주어진 모든 상황을 은혜로 받아들이고 감사히 수용할 때, 그 상황을 거쳐 가면서 우리는 하나님의 비전을 성취하는 하나님의 도구로 빚어지게 됩니다.

지금 여러분의 수중에 무엇이 있습니까? 그것이 무엇이든, 비록 보잘것없는 것일지라도 그것의 소중함을 아십시오.

미디안 광야에서 이집트로 향하는 모세의 손에 든 것은 마른 지팡이 하나뿐이었습니다. 그것이 모세의 유일한 전 재산이었습니다. 그러나 하나님께서는 모세로 하여금 그 지팡이로 출애굽의 대업을 이루게 하셨습니다. 모세가 그 지팡이로 홍해를 가리키자 홍해가 갈라졌고, 반석을 쳤을 때는 생수가 강처럼 터졌습니다. 다윗이 천하 거인 골리앗을 무엇으로 이겼습니까? 사울 왕의 갑옷이나 첨단 무기였습니까? 아니었습니다. 골리앗을 쓰러트린 것은 평소 그의 손에 익었던 물맷돌이었습니다.

1860년경 태어날 때는 자신의 생년월일조차 알지 못하는 노예의 자식이었지만, 1940년 죽을 때에는 백인과 흑인을 망라하여 전 미국인의 존경을 받았던 최초의 흑인이 있습니다. 당시 미국 최고의 농학자이자 계몽가인 동시에 위대한 크리스천이었던 조지 워싱턴 카버 박사입니다. 미국인 중에는, 마틴 루터 킹 목사님의 생전에 그를 싫어한 백인이 많았습니다. 그러나 조지 워싱턴 카버 박사는 흑백을 뛰어넘어 모든 미국인으로부터 사랑을 받았습니다.

한때 미국 남부는 면화 재배로 유명했습니다. 면화는 땅속의 질소를 잡아먹는 까닭에 면화 경작지는 얼마 지나지 않아 황폐해졌습니다. 그때마다 경작자는 새로운 땅을 개간했고, 그 땅 역시 몇 년 만에 못 쓰게 되었습니다. 결국 면화 재배로 인해 질소를 상실한 미국 남부의 땅 대부분이 황폐화되었습니다. 미국 절반에 해당하는 지역의 경제가 타격을 입게 된 것입니다. 그때 카버 박사가, 질소를 상실한 땅에 땅콩을 심으면 땅콩 재배에도 유익할 뿐 아니라 없어진 질소까지 회복된다는 사실을 알아냈습니다. 카버 박사의 권유에 따라, 면화를 재배하던 남부의 농가들은 황폐해진 땅에 땅콩을 심기 시작했습니다. 조지아 주에 있는 카터 전 미국 대통령의 땅콩 농장처럼, 미국 남부에 땅콩 농장이 밀집해 있는 것은 이런 연유에서였습니다.

그러나 또다시 문제가 생겼습니다. 카버 박사의 말대로 땅콩을 심은 농장마다 땅콩 풍년이 들었고 땅도 되살아났습니다. 그러나 남부 전역에 산더미처럼 쌓인 땅콩을 처분할 길이 마땅히 없었습니다. 이번에는 땅콩 때문에 또 망하게 된 것입니다. 그 사실을 접한 카버 박사의 심정이 얼마나 괴로웠겠습니까? 자신의 말을 들은 사람들이 자기로 인해 도산하게 되었다는 것은 참을 수 없는 고통이었습니다. 카버 박사의 전기인 《땅콩 박사》에는 당시 그의 심정이 이렇게 피력되어 있습니다.

나는 마음이 괴로워 어찌할 바를 알지 못한 채 10월 어느 날 새벽 산 속을 거닐다가 동쪽에서 떠오르는 해를 바라보며, "하나님이시여, 당신은 무슨 까닭에 이 우주를 창조하셨습니까?"라고 외쳤습니다. 하나님께서는 "네 작은 소견으로 너무 큰 것을 알려 하지 말고 네게 적합한 것을 물어보아라"라고 말씀하셨습니다. 그래서 내가 다시 물었습니다. "대체 사람을 무엇에 쓰시려고 세상에 두셨는지 알고 싶습니다." 하나님께서 말씀하셨습니다. "너는 아직도 네가 감당치 못할 것을 묻고 있구나. 그런 쓸데없는 것은 차치하고 네 마음이 진정으로 원하는 것을 말해 보아라." 그 순간 나는 너무나도 엄숙해졌습니다. 한참 시간이 흐른 뒤 내가 마지막으로 물었습니다. "하나님께서는 무슨 까닭에 땅콩을 심게 하셨습니까?" 그러자 하나님께서 말씀하셨습니다. "이제 됐다. 너는 땅콩을 한 줌 들고 실험실로 들어가 연구를 계속하려무나."

산에서 내려온 카버 박사는 그 길로 땅콩을 한 줌 들고 실험실로 들어갔습니다. 그리고 밤낮으로 연구를 계속한 결과 땅콩버터, 땅콩 구두약, 땅콩크림, 땅콩식용유 등 무려 105종류의 식용품과 200종류의 실용품을 고안해 내었습니다. 그 결과 남부 경제와 산업이 회복되었습니다. 흑인이고 백인이고 가릴 것 없이, 모든 남부 사람들이 카버 박사 한 사람으로 인해 다시 살게 된 것이었습니다. 그러나 카버 박사는 단 1원의 로열티도 받지 않았습니다. 자신의 연구 결과를 필요로 하는 자들에게 그저 나누어 주었습니다. 그것은 많은 실용품들이 자신의 능력이 아니라, 자신을 통해 남부 미국인을 구원하시려는 하나님의 비전이었음을 알았기 때문입니다.

카버 박사가 한 줌의 땅콩을 들고 실험실로 들어갈 때, 그의 손안에 든 땅콩의 가치가 몇 달러나 되었겠습니까? 돈으로 따지자면 단 1달러에도 미치지 못했을 것입니다. 그러나 카버 박사가, 자기 손안에 들어 있는 그 보잘것없는 땅콩이 하나님의 절대적 도구임을 깨달았을 때, 그를 통해 이루시려는 하나님의 비전은 웅대하게 성취되었습니다.

지금 내 손안에 들어 있는 것, 내 주머니 속에 이 순간 지니고 있는 것, 그것이 아무리 하찮아 보여도 그 절대적 가치를 소홀히 하지 마십시오. 하나님의 비전은 바로 그것을 도구 삼아 그 실체를 드러내는 법입니다.

자기 세계의 확장

하나님을 비전으로 삼은 사람은 끊임없이 자기 세계를 확장시켜 가는 자입니다.

여기에서 자기 세계의 확장이란 첫째, 자기 영성의 세계를 키워 가는 것입니다. 우리말 '얼굴'의 원형은 '얼꼴'이라고 합니다. 얼은 영을, 그리고 꼴은 모습을 일컫는 말입니다. 즉 인간의 얼굴이란 그 사람의 영혼의 모습 혹은 상태를 반영합니다. 영성이 깊은 자의 영은 그의 얼굴에 고스란히 모습을 드러냅니다. 영성 깊은 자가 비인격적인 얼굴의 소유자일 수 없거나, 무자비한 표정의 얼굴로 살아가는 자가 깊은 영성을 지닌 자일 수 없는 까닭이 여기에 있습니다. 인간의 영은 보이지 않습니다. 그러나 그 영은 인간의 얼굴을 통하여 분명하게 드러나 보입니다. 목사란 두말할 것도 없이 자신의 영성을, 얼꼴을 중단 없이 키워 가는 자입니다.

둘째, 사람의 세계를 확장해야 합니다. 곰곰이 자신을 되돌아보십시오. 지난해와 비교하여 올해에는, 자신과 성격이나 생각이 다른 사람과 얼마나 더 가까이 지내고 있습니까? 언제 어디서나 자신과 똑같은 사람과만 사귀려 한다면, 아무리 세월이 흘러도 하나님의 비전을 이루어 드리는 헬라파유대인이 될 수는 없습니다. 하나님의 비전은 허공이 아니라 인간을 위한 인간의 삶 속에서 이루어진다고 했습니다. 어떤 사람을 통하여 나의 삶 속에, 혹은 나를 통하여 누구의 삶 속에 하나님의 비전이 이루어질지 우리는 전혀 알지 못합니다. 그러므로 자신과 다른 사람을 전폭적으로 수용, 사람에 대한 자신의 세계를 확장시켜 가는 자를 통해 하나님의 비전이 성취됨은 전혀 의심의 여지가 없습니다.

셋째, 지리적 세계를 확장시켜 가야 합니다. 고려대 총장을 역임한 홍일식 교수의 《한국인에게 무엇이 있는가?》란 책에는 이런 내용이 실려 있습니다. 한국과 중국이 수교하기 전 홍 교수가 중국에 출장 갔을 때의 일입니다. 비행기로 중국 내륙을 횡단하던 중 갑자기 비행기가 어느 공항에 착륙하더니, 승무원이 승객 전원을 내리라고 했습니다. 까닭인즉 그 도시의 공산당 간부가 급히 출장을 가기 위해 운항 중이던 비행기를 차출한 것이었습니다. 얼마나 기다려야 하는지, 다음 비행기는 언제쯤 올는지 아무도 모른다고 했습니다. 무조건 기다리는 것이 능사라고 했습니다. 중국인 안내원이 홍 교수에게 비행기가 다시 뜰 때까지 무작정 기다릴 것인지, 아니면 자동차로 가장 가까운 기차역까지 이동하여 기차를 타고 갈 것인지를 물었습니다. 홍 교수는 속절없이 기다리기보다는 기차를 선택하기로 하였습니다. 그런데 택시를 타고 가장 가까운 기차역에 당도하는 데엔 무려 열 시간이나 걸렸습니다. 기차를 타기 위해 열 시간이나 자동차를 타고 간다는 것은 한국인으로서는 상상조차 못할 일입니다. 그러나 중국인에겐 그 기차역이 그저 가장 가까운 기차역이었을 뿐입니다.

서울에서 부산까지 자동차로 왔다 갔다 하는 데에 불과 열 시간밖에 소요되지 않는 한반도에 사는 한국인의 사고와, 제일 가까운 기차역이 무려 열 시간이나 걸리는 광활한 대륙에 사는 중국인의 사고가 동일할 수 있겠습니까? 그 웅대한 대륙을 직접 체험해 보지 않고서야 어찌 중국인을 제대로 이해할 수 있겠습니까?

한국 산하(山河)의 특징은 산을 넘으면 또 산입니다. 어디서나 첩첩산중과 흡사합니다. 그래서 우리 민족은 전통적으로 아예 산 넘어가기를 포기해 버리고, 같은 산자락에 사는 사람끼리만 같은 편이 되었습니다. 건너편 산자락의 사람은 내 편이 아닌 것입니다. 그래서 우리는 아직까지도 지연, 혈연, 학연을 좇아, 내 편 네 편을 가르고 있습니다.

베를린, 파리, 런던, 로마 등 역사적으로 세계를 지배했던 나라들의 수도가 어떤 특징이 있는지 아십니까? 산이 없다는 것입니다. 산이 없다 보니 그곳의 하늘은, 사방이 산으로 가로막혀 있는 우리나라의 하늘과는 비교도 할 수 없을 만큼 넓습니다. 더없이 넓은 하늘을 보며 살아가는 그곳 사람들의 사고 역시 자연스럽게 확장되게 마련입니다. 그러므로 세상에 대한 지경을 넓히면 넓힐수록 이 세상을 창조하신 하나님과 더 깊이 교감할 수 있을 뿐만 아니라, 그 속에서 나와는 다른 사고와 방법으로 살고 있는 사람들을 더 넓게 수용하고 이해할 수 있습니다.

자기 세계의 확장이란 마지막으로 실력을 배양하는 것입니다. 실력은 대단히 중요합니다. 하나님께서는 언제나 두 부류의 사람을 쓰십니다. 베드로처럼 배운 것은 없지만 진짜 행동하는 사람이든지, 아니면 바울처럼 실력을 갖춘 사람입니다. 구약성경 창세기부터 신명기까지 기록한 모세는 이집트의 왕궁에서 40년 동안 제왕교육을 받은 사람이었습니다. 구약성경 기록에 동원된 제사장들은 모두 당대의 엘리트들이었습니다. 신약성경을 3분의 1이나 기록한 바울 역시 출중한 지성인이었습니다. 하나님께서는 실력 있는 자를 들어 당신의 말씀을 기록하게 하신 것입니다.

목사거나 혹은 목사가 되기를 원하는 자는 예외 없이 실력을 길러야 합니다. 실력이란 한마디로 곧 표현력입니다. 음악가의 마음속에 아무리 그럴 듯한 음악이 깃들어 있어도 그것을 어떤 방법으로든 표현해 낼 능력이 없으면 그는 진정한 음악 실력을 갖추지 못한 사람입니다. 수학자는 자기 속에 있는 모든 수학적인 논리를 공식으로 표현합니다. 운동선수는 자신의 기량과 힘을 운동으로 표현합니다. 소설가는 자기 속에 담긴 이야기들을 글로 표현해 냅니다. 목사는 하나님께서 주신 은혜를, 진리의 말씀을, 말로 표현하는 사람입니다. 물론 이때의 말이란 자신의 삶으로 뒷받침된 말임은 두말할 나위가 없습니다.

한국인은 평소 국어사전을 필요로 하지 않습니다. 초등학교나 중학교 때 사전 찾는 법을 한 번 배운 뒤엔, 사전은 단지 서가의 장식품에 지나지 않게 됩니다. 대학생이라고 해서 크게 다르지 않습니다. 그러나 프랑스나 영국 대학생들에게 불불사전이나 영영사전은 필수적입니다. 그것은 자기 모국어를 몰라서가 아니라 정확한 표현을 위해서입니다. 사전을 전혀 사용치 않는 한국인의 경우, 평소의 대화에 불과 200여 단어밖에 동원되지 않는다는 글을 읽은 적이 있습니다. 대화에 비해 문장에는 더 많은 단어가 구사되게 마련이지만, 일반적으로 한국인의 문장에 사용되는 단어는 300여 개 남짓이라 합니다. 여러분의 설교 원고를 펴 놓고 자신은 과연 몇 단어나 구사하고 있는지 확인해 보십시오.

우리말처럼 풍부한 어휘력과 다양한 표현력을 지닌 언어도 드물 것입니다. 그럼에도 일평생 겨우 200에서 300단어로 살아간다면 어떻게 자신을 제대로 표현할 수 있으며, 또 어떻게 상대를 제대로 이해할 수 있겠습니까? 대화 도중 한쪽이 '그런데 말이야, 그게 아무래도 좀 그런 것 같아'라고 하면, 그 말은 들은 상대방은 '그래, 그게 그렇지?' 하고 맞장구를 칩니다. 우리의 대화는 이런 식입니다. A가 말한 '그게 그렇다'는 무슨 의미이고, B의 '그게 그렇다'는 뜻은 또 무엇입니까? 그런 식으로 표현해서야 '그게 그렇다'는 양자의 의미가 정확하게 일치할 수 있겠습니까? 단지 일치한다고 서로 짐작하거나 착각할 뿐입니다. 그래서 우리의 대화는 늘 오해의 불씨가 됩니다. 언젠가 A와 B가 다툴 때 B가 '네가 그랬잖아?'라고 A를 힐난하면,

A는 '내가 언제 그랬어? 난 분명히 이렇게 말했어!' 하고 반박합니다. 대체 이 둘 중 누구의 말이 맞는 겁니까? 둘 다 맞기도 하고, 동시에 둘 다 틀리기도 합니다. 그들은 어휘가 짧은 탓에 똑같이 '그게 그렇다'고 표현하긴 했지만, 그러나 서로 다른 의미로 그 표현을 구사한 까닭입니다. 우리에게 토론문화가 없는 것은 민주주의 훈련이 부족한 탓도 있지만, 지극히 제한된 단어로 자신의 생각을 표현하려다 보니 서로의 생각이 바르게 전달될 도리가 없어 결국 말꼬리 잡기와 감정적 대응으로 끝나 버리기 때문입니다.

문학에서는 무엇이든 그것을 바르게 표현할 수 있는 단어는 하나밖에 없다고 말합니다. 그 하나뿐인 단어를 찾기 위해 구미인들은 사전을 생활화하고 있습니다. 실력은 표현력이요, 표현력이란 하나밖에 없는 단어를 찾아내는 실력입니다. 마르틴 루터는 교회를 가리켜 '입의 집'(Mundhaus)이라고 했습니다. 설교가 얼마나 중요하면 교회를 곧 '입의 집'이라 했겠습니까? 수많은 신학서적을 탐독해도, 아무리 많은 신학정보를 입수해도, 그것을 정확하게 표현해 낼 수 없다면 그것은 자신의 실력일 수 없습니다. 하나님의 사랑을, 진리의 말씀을, 정확하게 설명하고 표현하지 못하는 나의 설교를 통해 어찌 로고스이신 그분의 비전이 이루어질 수 있겠습니까?

실력은 표현력입니다. 표현되는 것만 나의 실력입니다. 먼저 말에 대한, 우리말에 대한 실력을 배양하십시오. 해외에서 외국인을 상대로 목회할 사람이 아니라면, 우리말 200에서 300단어만 가지고는 하나님의 비전을 온전히 전달하는 목사가 될 수 없습니다.

이성적 신앙

하나님을 비전으로 삼은 자는 이성적 신앙의 소유자가 되어야 합니다. 다음은 로마서 12장 1절 말씀입니다.

> 그러므로 형제들아 내가 하나님의 모든 자비하심으로 너희를 권하노니 너희 몸을 하나님이 기뻐하시는 거룩한 산 제사로 드리라 이는 너희의 드릴 영적 예배니라

영적 예배란 우리의 몸을 거룩한 산 제사로 드리는 것입니다. 한마디로 우리의 삶, 전 생애를 하나님께 제물로 바쳐 드리는 것이 영적 예배입니다. '영적'이란 헬라어 '로기코스'는 '로고스'에서 파생된 단어로 이성적이라는 의미입니다. 영적이란 단어가 헬라어에 달리 있음에도(프뉴마티코스), 사도 바울은 여기에서 굳이 이성적이란 뜻의 '로기코스'를 사용하였습니다. 그렇다면 영적인 예배란 어떤 예배이겠습니까? 우리의 이성을 접어놓고 맹신자처럼 열광하는 것이 영적 예배이겠습니까? 그렇지 않습니다. 우리의 감성만으로는 우리의 전 생애를 거룩한 제물로 드릴 수 없습니다. 우리의 이성을 다하여 우리의 뜻과 의지를 하나님께 드릴 때, 우리의 삶은 비로소 영적 예배가 될 수 있고, 그와 같은 삶을 통해 하나님의 비전은 이루어

지게 됩니다.

주님께서 제자들과 배를 타고 갈릴리를 건너시던 중, '바리새인들의 누룩과 헤롯의 누룩을 주의하라'고 말씀하셨습니다. 그들의 이중성과 거짓 등을 경계하란 말씀이었습니다. 그러나 제자들은 누룩이란 말에 먹는 떡을 연상할 뿐이었습니다. 도대체 주님의 말씀을 깊이 생각하려 하지 않는 제자들을 주님께서 질책하셨습니다.

> ……너희가 어찌 떡이 없음으로 의논하느냐 아직도 알지 못하며 깨닫지 못하느냐 너의 마음이 둔하냐(막 8:17)

주님의 이 말씀 중 마지막 부분인 '너의 마음이 둔하냐'를 프랑스 성경은 이렇게 번역하고 있습니다.

> Votre intelligence est-elle fermée?
> (네 지성은 꽉 막혔느냐?)

이성의 지적 능력인 지성을 통하지 않고서는 주님의 말씀을 바르게 이해할 수 없음에 대한 주님의 지적입니다. 그래서 주님께서는 성령님의 사역과 관련하여서도 다음과 같이 말씀하셨습니다.

보혜사 곧 아버지께서 내 이름으로 보내실 성령 그가 너희에

게 모든 것을 가르치시고 내가 너희에게 말한 모든 것을 생

각나게 하시리라(요 14:26)

성령님의 주요 사역 중 하나는 우리로 하여금 주님의 말씀을 생각

나게 하시는 것입니다. 따라서 나의 이성이 닫긴 상태에서는 성령님

께서 역사하실 수가 없습니다. 진정 성령 충만한 자는 자신의 이성을

주님의 말씀을 담는 그릇으로 삼는 자입니다. 그때에만 말씀 안에서

그의 전 생애가 영적 예배로 일구어질 수 있습니다.

베드로가 이방인 고넬료에게 세례를 주었다고 그를 비난하는 사람

들이 있었습니다. 이에 베드로가 항변하였습니다.

내가 주의 말씀에 요한은 물로 세례 주었으나 너희는 성령으

로 세례 받으리라 하신 것이 생각났노라(행 11:16)

베드로가 고넬료에게 세례를 주었던 것은 그 순간 주님의 말씀이

생각났기 때문입니다. 다시 말해 베드로의 이성적인 판단에 의해서

였습니다. 베드로는 결코 감성적인 인간만은 아니었습니다. 그는 이

성적으로 생각할 줄 아는 자였습니다. 그렇지 않고서야 그의 일생이

영적 예배로 드려졌을 리가 만무합니다.

그런가 하면 히브리서 5장 13절에서 14절 역시 이렇게 증거하고

있습니다.

대저 젖을 먹는 자마다 어린아이니 의의 말씀을 경험하지 못한 자요 단단한 식물은 장성한 자의 것이니 저희는 지각을 사용하므로 연단을 받아 선악을 분변하는 자들이라

이성을 토대로 한 지각의 동원 없이는 장성한 믿음의 소유자, 즉 성숙한 신앙인이 될 수 없다는 말입니다. 이처럼 성경은 일관되게 이성적인 신앙을 강조하고 있습니다.

인간의 이성을 하나님 위에 올려놓고, 이성으로 하나님의 말씀을 인간의 구미에 맞게 마구 재단해 온 서구 교회는 어떤 의미에서도 정당화될 수 없습니다. 그러나 인간의 이성을 주머니에 숨겨 둔 채, 오직 감정으로만 맹신하려는 생각 역시 틀려도 한참 틀렸습니다. 신앙은 점이 아니라 선입니다. 우리는 우리의 감정으로 무수한 점들을 찍을 수 있습니다. 그러나 점은 신앙도, 목회도, 삶도 아닙니다. 그 점과 점을 삶이란 선으로 잇는 것은 이성적인 신앙으로만 가능합니다.

바울이 단지 감성적 신앙의 소유자에 지나지 않았다면 로마 복음화를 손쉽게 결단할 수는 있었겠지만, 로마로 향하기 위해 가이사랴 감옥에서 2년간 썩는다거나, 로마에 당도하여서도 지하감옥 안에 갇혀 있다 끔찍하게 참수형을 당하지는 못했을 것입니다. 그는 이성적 신앙을 지니고 있었기에, '생각건대 현재의 고난은 장차 나타날 영광과 족히 비교할 수 없음'(롬 8:18)을 이성적으로 판단할 줄 알았기에, 주님을 위해 자신의 전 생애를 기꺼이 영적 예배로 바쳐 드렸습니다.

제게는 네 명의 아이가 있습니다. 그중 막내아이는 제 나이 마흔세 살에 얻은 자식입니다. 그래서 이제 겨우 초등학교 3학년입니다. 제가 이번 집회를 위해 제네바에서 한국에 도착하던 날 밤, 막내아이가 제 뒤에서 목을 꼭 끌어안더니 제 귀에 대고 이렇게 말했습니다.

"아빠, 이번에 오신 김에 그냥 우리하고 살면 안 돼요?"

저도 자식을 둔 아비입니다. 저 역시 제 자식을 사랑합니다. 저도 제 자식들과 볼을 비비며 함께 살고 싶습니다. 만약 제가 이성적인 신앙을 지니지 않았던들 저는 3년에 걸친 제 임기가 끝나기도 전에 벌써 제네바의 사역을 중단하고 돌아왔을 것입니다. 제네바 한인교회는 재정적으로나 신앙적으로 이미 자립, 귀국명분은 얼마든지 찾을 수 있으니 말입니다.

감성은 신앙을 위한 훌륭한 토양입니다. 그러나 그것만으로는 안 됩니다. 감성에 더하여 이성적 신앙의 소유자가 되어야만 합니다. 여러분의 피를 끓게 하는 사람을 조심하십시오. 어떤 경우이든 타인의 피를 끓게 하는 자가 되어서는 안 됩니다. 피를 끓게 하는 것은 신앙이 아니라 선동입니다. 목회자에게 교인을 선동하는 것보다 더 손쉬운 일은 없습니다. 그러나 선동이란 선동하는 자의 개인적 야망을 위한 수단이기에, 선동을 일삼는 자가 무책임한 선동군은 될지언정 사람을 섬기는 참된 목사가 될 수는 없습니다.

심령이 뜨겁다는 것과 피가 뜨겁다는 것은 절대로 같은 말이 아닙니다. 피가 뜨겁다는 것은 흥분했다는 말이요, 뇌의 정상적인 작동이 멈추었다는 말입니다. 끓어오르는 감정으로 얼마든지 소리 지르며 찬양할 수 있습니다. 고함을 치며 기도할 수도 있습니다. 그러나 우리의 피가 끓어올라 뇌의 정상적인 운동이 정지된 상태에서, 부르짖는 감정의 순간이 지난 다음엔 대체 무엇이 남습디까? 단지 감정의 찌꺼기 외엔 아무것도 없습니다. 그래서 사람들은 마치 마약중독자처럼, 그 감정의 리바이벌을 위해 애를 씁니다.

그러나 심령의 뜨거워짐은 뇌의 작동을 멈추게 하지 않습니다. 오히려 뜨거워진 심령은 뇌의 작동을 명료하게 합니다. 그래서 명확한 뇌의 작동이 나의 이성으로 하여금 의지적으로 결단하게 하고 나의 감정을 선도할 때, 나의 매일매일은 점에서 선으로 이어지고 결과적으로 나의 삶 자체가 진리 안에서 영적 예배로 승화됩니다. 뜨거운 피가 감성적 신앙과 한 짝을 이룬다면, 뜨거운 심령은 이성적 신앙과 불가분의 관계에 있습니다. 이에 대한 이해를 돕기 위해 글을 하나 읽어 드리겠습니다. 이 글은 제가 영락교회에서 교육전도사로 봉사할 때, 당시 영락중학교 3학년 여학생이 쓴 글입니다. 어린 여학생의 글이지만 놀랍게도 이 글은 이성적인 신앙이 구체적으로 무엇인지, 뜨거운 심령과 뜨거운 피의 차이가 무엇인지를 분명히 깨닫게 해 주고 있습니다. 참고로 서울 종로구 효자동에 살던 이 여학생은 은평구 응암동의 영락중학교를 매일 버스로 통학하였습니다.

버려도 전혀 아까운 생각이 들지 않을 정도로 낡고 찌그러진 아빠의 신발을 볼 때마다, 나는 견딜 수 없이 우울하고 슬프기만 했습니다. 내가 이런 비참한 마음을 갖기 시작한 것은 아빠가 실직한 이후부터였습니다. 아빠의 실직 이유를 나는 아직도 알지 못하지만, 아빠는 그 일로 몹시 괴로워하셨습니다. 가끔 주무시다가도 몸을 부르르 떠시던 모습은, 마치 활동사진처럼 내 기억 속에 생생합니다.

실직하신 지 3개월쯤 되었을 때, 아빠는 어느 회사의 신입사원으로 새로 입사하셨습니다. 그러나 예전 회사와는 전혀 다른 업종의 회사였는지라, 아빠에게는 여러 가지 어려움이 많았나 봅니다. 입사하신 지 1개월이 조금 지나, 아빠는 다른 사람들이 꺼려하는 출장 근무를 자원하셨고, 회사의 허락을 받은 아버지는 그 이후 늘 출장만 다니게 되었습니다. 처음에는 삼사 일이었던 출장이 조금 지나서는 일이 주로 늘어났고, 요즘에 와서는 한 달에 한 번씩만 겨우 집에 들어오십니다.

아빠가 출장을 다녀오실 때마다 아빠의 구두는 검정색인지 황토색인지 구별하기 어려울 정도였습니다. 아빠는 어딘지는 알 수 없으나, 거의 매일 걸어다니는 것이 분명했습니다. 그나마 그 구두도 그리 오래가지는 못했습니다. 원래 낡았던 구두가 어느 샌가 굽이 다 닳고, 앞은 입을 벌리고 있었던 것입니다. 아빠는 그 낡은 구두를 몇 번이나 수선했지만 이제는 더 이상 수선마저 불가능하게 되었을 때, 가장 값싼 운동화를 사 신으셨습니다. 우리 남매를 키우시느라 구두를 살 형편이 되지 못했던 것입니다. 그 운동화 역시 한 번 출장을 다녀오시자 금방 낡은 신발이 되고 말았습니다.

아빠의 그 신발을 볼 때마다 나는 가슴이 아파 견딜 수가 없었습니다. 그래서 다가오는 아빠의 생신 때에는 반드시 구두를 선물해 드리리라 다짐을 했습니다. 용돈을 따로 받아 모을 형편이 아니었기 때문에, 학교 오갈 때 버스를 타는 대신 걸어다니기 시작했습니다. 몇 주 지나지 않아 금세 2,000원이 모였습니다. 몸은 피곤했지만 마음은 한없이 기뻤습니다. 그리고 몇 달이 지난 어느 토요일 오후였습니다. 소복이 쌓인 은행잎들을 밟으며 중앙청 앞길을 걸어 집으로 향해 가던 중, 저 앞에 웬 키 작은 남학생 한 명이 낙엽을 터벅터벅 밟으며 힘없이 걸어가는 모습이 보였습니다. 바로 중학교 1학년인 남동생이었습니다. 내가 빠른 걸음으로 다가가 동생의 팔을 잡으면서 말했습니다.

"너 왜 자꾸 누나 말 안 듣니? 넌 아직 어려서 걸어다니면 피곤해져 성적 떨어지니까 반드시 버스 타고 다니라고 했잖아?"

동생이 퉁명스럽게 말했습니다.

"그럼 난 아빠 구두 값을 어떻게 모으란 말이야?"

나는 동생에게 애원하듯 말했습니다.

"누나가 다 모을 테니까 넌 걱정하지 말랬잖아."

갑자기 동생이 표정을 바꾸면서 물었습니다.

"누나, 누나는 얼마나 모았어?"

7,500원이란 대답을 들은 동생이 흥분한 목소리로 말했습니다.

"그럼 내가 모은 것과 합하면 웬만한 구두는 살 수 있겠다! 누나, 나 그동안 2,000원 모았어! 나 잘했지?"

나는 동생이 너무나 대견스러워 하마터면 대로변에서 울음을 터뜨릴 뻔했습니다.

일주일이 지난 그다음 토요일, 동생과 나는 남대문 시장에서 만 원짜리 구두를 샀습니다. 그리고 예쁘게 포장한 다음, 며칠 남지 않은 아빠의 생신을 기다렸습니다. 아빠가 그날만큼은 꼭 집에 오시기를 간절히 바라면서 말입니다. 마침내 아빠의 생신이 되었습니다. 학교에서 돌아오니 먼저 온 동생이 풀이 죽어 있었습니다.

"너 왜 그래? 어디 아파?"

"아빠가 오늘 못 오신대. 그러니까 구두를 드릴 수가 없잖아."

동생의 눈에서 눈물이 흐르고 있었습니다. 다 낡아 빠진 싸구려 운동화를 신고 지금도 어느 길 위엔가를 걷고 계실 아빠를 생각하자, 어느새 내 눈에도 뜨거운 이슬이 한 방울씩 맺히고 있었습니다. 그러나 그것은 아쉬움의 눈물이었을 뿐 더 이상 슬픔의 눈물은 아니었습니다. 우리에게는 아빠에게 드릴 새 구두가 있었기 때문입니다.

1년 반 전 제가 제네바로 떠나갈 때 제 아이들이 저희들끼리 말했습니다. "나는 아빠께 일주일에 한 번씩 편지 쓸 거야." "아니야, 난 매일 쓸 거야." 그러나 약속을 지킨 아이는 아무도 없었습니다. 아이들은 감정으로 손쉽게 결심합니다. 그 결심의 토대가 감정인 만큼 감정이 식는 즉시 결심 자체를 잊어버립니다. 어린 시절의 우리 역시 예외가 아니었습니다. 그러나 이 남매는 아버지의 생신에 구두를 선물해 드리기 위해 버스 통학 대신 걸어 다니겠다고 결심한 뒤, 몇 달 동안이나 흔들림 없이 그 결심을 행동으로 실천해 내었습니다. 왜 이 아이인들 떡볶이가 먹고 싶지 않았겠습니까? 만화가게 앞을 지날 때 왜 만화를 보고 싶지 않았겠습니까? 몸이 지쳐 다리가 천근같이 느껴질 때 왜 버스를 타고 싶지 않았겠습니까? 그런데도 무엇이 그들로 하여금 효자동에서 응암동까지 몇 달 동안이나 걸어 다니게 했겠습니까? 두말할 것도 없이 그들의 이성이었습니다. 그 남매는 아버지를 사랑하되 감정적으로만 사랑한 것이 아니라, 온 이성을 동원하여 아버지에 대한 사랑을 실천했습니다.

이 글을 읽을 때면 말할 수 없는 감동이 밀려옵니다. 그렇다고 피가 뜨거워지고 머리가 흥분됩니까? 아닙니다. 뜨거워지는 것은 우리의 심령입니다. 심령이 마구 뜨거워지면서, 이 어린 학생들이 자기 아버지를 위해 이렇듯 헌신적으로 살았는데 나는 대체 하나님 아버지를 위해 무엇을 하고 있는가, 우리의 두뇌로 우리 자신을 냉철하게 성찰하게 됩니다. 그 결과 우리가 해야 할 바를 이성적으로 판단하고, 결단하며, 또 실천하게 됩니다. 바로 이것이 피가 끓는 흥분과 구별된 심령의 뜨거워짐이요, 이성적인 신앙입니다.

주님께서 처참한 십자가의 죽음을 목전에 두시고 겟세마네 동산을 찾아 땀에 피가 맺히기까지 "이 잔을 내게서 지나가게 하옵소서" 절규하실 때, 그것은 주님의 감성이었습니다. 그러나 "나의 원대로 마옵시고 아버지의 원대로 하옵소서" 하고 마감하신 것은 주님의 이성이었습니다. 이 기도를 마치신 주님께서는 십자가의 죽음을 향해 의연히 일어나셨습니다. 주님의 이성이 감성을 극복한 결과였습니다. 그리고 주님께서는 그리스도가 되셨습니다.

누구든 이성적 신앙의 소유자라야 하나님의 비전을 바르게 분변할 수 있고, 자신의 전 생애를 그 비전을 실천하는 거룩한 산 제물로 하나님께 바쳐 드릴 수 있습니다.

결과로부터의 자유

하나님을 비전으로 삼은 자는 마지막으로, 자신의 행위에 대한 결과를 보고픈 유혹에서 자유하는 자입니다. 한국의 역대 대통령들은 자신의 재임기간 동안 가시적인 결과를 보려다가 모두 실패한 대통령이 되고 말았습니다. 자신이 정한 기한 내에 반드시 결과를 보고자 하는 것은 경제논리요 실적주의입니다. 그러나 하나님을 믿는 크리스천은 달라야 합니다. 자신이 지금 행하고 있는 일의 결과를 자신의 생전에 직접 확인하려 하면, 그 사람은 결코 정도를 걸을 수 없습니다. 결과라는 우상을 위해 수단과 방법을 가리지 않을 것이기 때문입니다. 크리스천이란 영원을 사는 사람입니다. 따라서 우리가 지금 주님을 위해 행하는 일의 결과를 우리 생애에 못 볼 수도 있지만, 그러나 영원 속에서 주님과 함께 반드시 확인케 될 것입니다. 이 사실을 깨달을 때 우리는 결과의 유혹을 탈피할 수 있으며, 일평생 정도를 지킬 수 있습니다.

사도 바울을 생각해 보십시오. 그는 로마 복음화란 하나님의 비전을 이루어 드리기 위해 자기 생을 걸고 로마로 건너갔습니다. 그러나 참수형을 당해 죽을 때까지 그가 로마에서 한 일이라곤, 감옥 안 죄수와 간수 몇 명에게 복음을 전한 것 외에는 그 어떤 가시적인 결과나 업적이 없었습니다. 고작 그 정도의 일을 위해 자신의 생명마저 던졌다면, 경제논리로만 따져볼 때 그는 완전무결한 실패요 어리석기 짝이 없는 인간이었습니다. 만약 그가 주님을 위한 자기 헌신의 결과를 어떤 형태로든 자기 생애에 보기 원했더라면 가만히 앉아 참수형을 당하지는 않았을 것입니다. 어떻게든 목숨을 부지하면서, 자신이 원하는 결과를 얻기 위해 온갖 수단을 강구했을 것입니다. 만약 그랬더라면, 그 개인적으로는 성공했을는지 모르지만 성경의 위인으로 살아남지는 못했을 것입니다. 정도를 외면한 그를 하나님께서도 외면하셨을 것이기 때문입니다. 그러나 그는 결과를 보고픈 유혹에서 철저하게 자유했기에 정도에서 벗어나지 않을 수 있었고, 하나님의 비전을 위하여 자신의 생명마저 내어놓을 수 있었습니다. 그리고 그는 참수형을 당한 지 300년 만에 로마 제국이 기독교 국가가 되는 것을, 다시 말해 자신이 뿌린 씨앗을 통해 하나님의 비전이 이루어짐을, 하나님 나라의 영원 속에서 확인할 수 있었습니다.

이국 땅에서 종살이와 옥살이의 눈물겨운 과정을 거친 요셉은 하나님을 비전으로 삼았던 자기 삶의 결과를, 즉 자신을 통해 인류를 기근에서 구원하시는 하나님 비전의 성취를 자기 생전에 직접 보았습니다. 그러나 바울은 보지 못한 사람이었습니다. 요셉이 결과를 보았다고 해서 그가 결과에 집착했던 것은 전혀 아니요, 바울이 결과를 보지 못했다고 절망한 것도 아니었습니다. 그들의 공통점은 결과에 대해 철저하게 자유했다는 것입니다. 영원하신 하나님을 전적으로 신뢰했기 때문입니다. 우리 역시 주님을 위한 우리 삶의 결과를 생전에 볼 수도 있고 보지 못할 수도 있지만, 결과를 보고픈 유혹에서 자유할 때에만 일평생 하나님의 비전을 추구하는 참된 섬김과 봉사의 목사로 살아갈 수 있습니다.

크리스천이란 영원을 사는 사람이요, 목사란 무엇보다 이 사실을 믿는 사람입니다. 그럼에도 굳이 생전에 자기 삶의 결과를 보기 위해

안달한다면, 어찌 그가 영원하신 하나님을 진정으로 믿는 목사라 할
수 있겠습니까?

그날이 오면

20세기 초, 일본에 나가오 마끼(長尾卷)라는 젊은 목사님이 있었습
니다. 갓 안수 받은 그는 어디에서 교회를 개척할 것인지 일본 지도
를 펴 놓고 기도하다가, 동서남북 100킬로미터 이내에 단 한 명의 크
리스천도 없이 온갖 미신이 판을 치고 있던 북쪽 가나자와를 찾아냈
습니다. 젊은 나가오 목사님은 곧 가나자와로 이주, 그곳에 텐트를
치고 개척 교회를 시작했습니다. 창립예배는 아내와 아내의 품에 안
긴 아이를 놓고 드렸습니다. 그러나 한 달이 지나고 두 달이 가도 신
자는 생기지 않습니다. 6개월이 지나도 사정은 마찬가지였습니다.

이럴 경우 우리라면 어떻게 하겠습니까? "믿습니다" 하고 호기롭
게 시작은 하지만 한 사람의 신자도 오지 않는다면 6개월이 지나기
도 전에, "이곳은 하나님의 뜻이 아니구나" 하며 딴 곳으로 간단히 옮
겨 가 버릴 것입니다. 그러나 나가오 목사님은 그 자리를 포기하지
않았습니다. 자신을 그곳으로 보내신 분이 하나님이심을 믿었기에,
하나님께서 그곳에서 이루실 일이 있을 것을 또한 확신하였습니다.
그래서 그 자리를 무려 5년간이나 지켰습니다. 예배 때마다 아내와
아이만을 놓고 설교하면서 말입니다.

그러던 어느 날 저녁 예배 시간에 마침내 천막교회의 장막을 젖히고 첫 번째 교인이 나타났습니다. 청년이었습니다. 그 순간 나가오 목사님의 감격이 얼마나 컸겠습니까? 그날 밤 나가오 목사님은 그 어느 때보다도 더욱 열정적으로 설교했습니다. 예배가 끝난 뒤 나가오 목사님은 청년과 함께 자기 집 식탁에서 저녁을 먹었습니다. 식사 도중 청년이 갑자기 '욱' 하더니 입에서 핏덩이를 토해 내었습니다. 폐병환자였습니다. 당시만 해도 폐결핵은 무서운 불치의 전염병이었습니다. 일반인이 폐병환자와 한 식탁에서 밥을 먹는다는 것은 아예 상상도 못하던 시절이었습니다. 나가오 목사님의 마음속에 순간적인 갈등이 일었습니다. '이런 괘씸한 사람이 있나? 당장 쫓아 버릴까?' 그 순간 나가오 목사님의 뇌리를 스치는 생각이 있었습니다. '이 청년은 주님께서 내게 처음으로 보내 주신 사람인데…….' 나가오 목사님은 행주를 가져와 자기 손으로 청년이 각혈한 핏덩이를 치웠습니다. 그리고 다시 상을 차린 뒤 청년과 함께 저녁 식사를 계속했습니다.

그 청년은 유명 정치인의 사생아였습니다. 출생이 어두웠기에 그의 삶은 어린 시절부터 밝을 수가 없었습니다. 청년이 된 그는 우연히 복음을 접하게 되었습니다. 복음 속에서 새로운 빛과 희망을 접한 그는 신학교에 입학하였습니다. 그러나 신학교 재학 중 폐결핵이 발병, 완치되면 복학을 허가한다는 조건으로 강제휴학처분을 당했습니다. 다니던 교회로부터도 병이 낫기 전까지는 교회 출석을 삼가 해 달라는 요구를 받았습니다. 평소 자신과 절친하게 지내던 교우들도 모두 그를 외면하였습니다. 폐결핵의 공포에 떨던 1세기 전 신학교나 교회 그리고 교우들로서는 어쩔 수 없는 일이었지만, 막상 주위 사람들로부터 버림받은 그의 영적 상처는 컸습니다. 그는 누구에게도 치료비를 요구하지 않았습니다. 자신의 폐결핵을 타인에게 전염시킬 만큼 경솔한 인간도 아니었습니다. 그는 단지 폐병환자인 자신을 말로서나마 하나님의 자녀로 따뜻하게 맞아 주는 크리스천을 단 한 번이라도 만나 보기 원했습니다. 그러나 그 어느 곳에도 그런 크리스천은 없었습니다. 다시 깊은 영적 어둠에 빠진 그는, 예수도 성경도 모두 거짓말이라 단정했습니다. 예수님 가르침대로, 성경말씀을 좇아 사는 사람은 어디에도 없었기 때문입니다.

더 이상 살 필요를 느끼지 못한 그는 자살을 결심했습니다. 그러나 자살시도 직전, 우연히 나가오 목사님에 대한 이야기를 듣게 되었습니다. 가나자와의 나가오 목사는 단 한 명의 신자도 없는 교회를 포기하지 않고 5년간이나 지켜오고 있다는 것이었습니다. 그 사실 자체만으로도 나가오 목사님이 훌륭한 분임에 틀림없다고 생각한 청년은 가나자와로 향했습니다. 자살하기 전 마지막으로 나가오 목사님을 만나 보고, 만약 그분도 예수님의 가르침대로 자신을 대해 주지 않으면 그때 스스로 세상을 버리기로 하였습니다. 그리고 나가오 목사님을 만나 함께 저녁 식사를 나누던 중, 청년이 밥상 위로 각혈한 것이었습니다.

그러나 나가오 목사님은 청년이 토해 낸 핏덩이를 말없이 닦아 내고 다시 밥상을 차려 왔습니다. 뿐만 아니라 그 이후, 나가오 목사님 부부는 청년을 자기 집에 데리고 살면서 가족처럼 극진히 보살펴 주었습니다. 청년은 그와 같은 나가오 목사님을 통해 다시 예수님을 만났습니다. 예수님께서는 분명히 그의 앞에 살아 계셨습니다. 주님의 은혜와 나가오 목사님 부부의 보살핌으로 폐결핵에서 완치된 청년은 신학교에 복학, 후에 그 유명한 가가와 도요히코(賀川豊彦) 목사가 되었습니다. 그리고 고베와 도쿄에서 수없이 많은 빈민을 위해 섬김과 봉사의 삶을 살았습니다.

변비는 빈민의 가장 큰 고통 중의 하나입니다. 먹을 것이 없어 몇 끼씩 연달아 굶을 경우 장에 남아 있던 변이 차돌처럼 굳어, 이것이 항문에 걸려 배변이 불가능하게 됩니다. 요즈음도 이런 환자는 의사가 고무장갑을 끼고 손가락으로 굳어진 변을 후벼 냅니다. 도요히코 목사님 역시 변비로 고통 받는 빈민들의 항문을 일일이 손가락으로 후벼 주었지만, 그중에는 손가락만으로는 항문을 뚫을 수 없는 사람도 있었습니다. 도요히코 목사님은 더러운 빈민의 항문에 자기 입을 갖다 대고, 차돌같이 굳어 있는 변을 침으로 녹여 빨아냈습니다. 주위 사람들이 도요히코 목사님에게 어떻게 그렇게까지 할 수 있느냐고 묻자 그는 이렇게 대답했습니다.

"저는 배운 대로 합니다. 제 선생님은 제가 토해 낸 폐결핵 핏덩이를 닦아 주셨습니다. 그분이 제게 해 주신 것에 비하면 이 정도는 아무것도 아닙니다."

그 후 중국으로 건너간 도요히코 목사님은 중국의 빈민들을 위해서도 똑같은 삶을 살았습니다. 장제스(장개석) 총통의 부인인 쑹메이링(송미령) 여사는 크리스천이었습니다. 도요히코 목사님의 이야기를 듣고 크게 감동한 그녀는 도요히코 목사님을 모셔다가 개인적으로 성경공부를 하기도 했습니다. 아내를 통해 도요히코 목사님을 알게 된 장 총통 역시 목사님에 대해 깊은 감사와 존경의 마음을 지니게 되었습니다.

1945년 마침내 패망한 일본군과 일본민간인이 중국에서 철수할 때의 일입니다. 당시 중국 땅에 있던 일본민간인의 수는 200만 명에 달했습니다. 2차 대전 중 일본이 점령하였던 다른 여러 나라에서는 현지인들이 철수하는 일본인들에게 테러를 가하는 사건이 빈번하였습니다. 사할린에 있던 일인들은 소련군의 함포사격과 공습으로 떼죽음을 당하기도 했습니다. 오랜 세월 동안 지배자로 그 땅을 착취하던 일인들이었으니, 그들이 패주(敗走)하며 현지인들에게 당한 보복은 자업자득이라 할 수 있었습니다. 그러나 중국에는 무려 200만 명의 일인들이 있었음에도 철수하는 일인에 대한 테러나 보복이 발생하지 않았습니다. 일본 천황의 무조건 항복과 동시에 장제스 총통이 중국 거주 일인들을 위해 내린 포고령 덕분이었습니다.

"일본인에게 위해를 가하거나 물자를 약탈하는 자는 극형에 처한다."

장 총통이 일인들을 위해 이 같은 포고령을 발동한 토대가 가가와 도요히코 목사님으로부터 받은 감동이었음은 두말할 나위도 없습니다.

나가오 목사님은 평생 한 명의 크리스천밖에 배출하지 못했습니다. 경제논리로 보면, 아니 오늘날의 목회 성장 원리로 따지자면 그분은 실패한 목사임에 틀림없습니다. 그러나 정말 그분이 목회 실패자입니까? 결코 그렇지 않습니다. 나가오 목사님이 아니었던들 위대한 가가와 도요히코 목사님은 존재할 수조차 없었습니다. 나가오 목사님을 만나지 못한 청년 도요히코는 벌써 자살하고 말았을 것이기 때문입니다. 도요히코 목사님의 세계적 명성은 나가오 목사님으로 인해 가능하였습니다. 그러므로 도요히코 목사님이 빈민들의 항문을 빨아 줄 때, 도요히코 목사님의 마음속에 나가오 목사님 역시 함께 있었습니다. 도요히코 목사님이 중국 빈민을 위해 자신의 생애를 바칠 때, 나가오 목사님도 그 현장을 지키고 있었습니다. 장제스 총통이 일인들을 위하여 포고령을 발동한 배후에 나가오 목사님도 물론 있었습니다. 그래서 미우라 아야꼬 여사는 《기도해 보시지 않을래요?》에서, 도요히코 목사님도 위대하지만 그를 있게 한 나가오 목사님이 더 위대함을 역설하고 있습니다.

나가오 목사님이야말로 하나님을 비전으로 삼은 사람이었습니다.

그분은 자신에게 주어진 삶의 현장의 중요성을 알고 있었습니다. 그래서 믿음으로 세운 천막교회를 단지 교인이 없다는 이유만으로 거두어들이지 않았습니다.

그분은 비록 오늘이 의미 없어 보일지언정 오늘은 내일을 위한 예비임을, 내일을 위해 절대적으로 필요한 과정임을 알았습니다. 그래서 한 사람의 신자도 없는 교회를 무려 5년 동안이나 지켰습니다.

그분은 끊임없이 자기 세계를 확장하는 사람이었습니다. 그렇기에 밥상에서 핏덩이를 토하는 폐병환자마저 수용할 정도의 큰 진설병을 지닐 수 있었습니다.

그분은 이성적인 신앙의 소유자였습니다. 그분이 자신의 감성을 더 소중히 여겼더라면, 5년 동안 몇 번이나 천막을 옮겼는지 자신도 헤아리기 어려웠을 것입니다. 그러나 오직 이성을 토대로 한 의지적 결단으로 하나님께서 맡기신 자리를 끝까지 지켜 내었습니다.

그분은 결과를 보고 싶은 유혹을 탈피한 자였습니다. 만약 그분이 자기 목회의 가시적인 결과나 업적에 집착했다면, 핏덩이를 토해 내는 폐병환자에게 밥 한 끼를 대접할 수는 있었을지언정 그를 데리고 살며 가족처럼 보살펴 주지는 못했을 것입니다. 가시적인 결과의 유혹에 빠진 목회자에게 사람들의 머릿수와 그들의 주머니에 들어 있는 지갑의 두께가 중요한 반면, 당시 폐병에 걸린 청년을 돌보는 것은 자신의 생명을 걸고 밑 빠진 독에 물 붓는 것처럼 어리석은 일이었기 때문입니다. 그러나 그분은 어리석어 보이는 일을 당연한 듯 행하였습니다. 그분이 정말 어리석어서가 아니라 진정 하나님을 믿었기에, 모든 결과의 유혹으로부터 완전 자유를 누리고 있었던 덕분입니다.

나가오 목사님은 하나님을 비전으로 삼은 진정한 비전의 사람이었기에 참된 섬김과 봉사를 행할 수 있었고, 그분의 삶을 통하여 가가와 도요히코 목사님을 당신의 도구로 세우시려는 하나님의 비전이 한 치의 오차도 없이 성취되었습니다. 당신의 그 비전을 이루신 하나님께서 나가오 목사님을 얼마나 귀히 여기셨을지는 두말할 나위도 없습니다.

한 가지 이야기를 더 드리는 것으로 끝을 맺겠습니다. 작년 10월 6일, 포르투갈의 국민여가수인 아말리아 로드리게스가 죽었습니다. 포르투갈 민속음악에 지나지 않던 '파두'(fado)를 세계 정상의 음악으로 끌어올린 아말리아를 포르투갈인들이 얼마나 사랑했는지, 아말리아의 죽음이 알려지는 순간 포르투갈 내각이 사흘간의 조의 기간을 공포하고 조기를 게양할 정도였습니다. 현재 우리나라에서는 조용필 씨를 국민가수로 부르고 있습니다. 그만큼 많은 국민들의 사랑을 받기 때문일 것입니다. 그러나 이다음에 조용필 씨가 나이 들어 타계했을 때 국무회의가 사흘간의 조의 기간을 결의할 리도 없지만, 만에 하나라도 정부 차원에서 그런 결정을 내린다면 과연 국민이 용납하겠습니까? 그러나 포르투갈 국민은 그와 같은 내각의 결의를 조금도 이상하게 여기지 않았습니다. 한마디로 아말리아 로드리게스는 모든 포르투갈 국민이 흠모하는 영웅이었습니다.

아말리아의 사후 사흘째 되는 날 리스본 대성당에서 거행된 그녀의 장례식은, 텔레비전으로 전 유럽에 생중계되었습니다. 리스본 교구 대주교가 집전한 장례미사가 끝나자, 여섯 명의 운구위원들이 제단 앞에 놓여 있던 아말리아의 관을 들어 올려 어깨에 메었습니다. 그리고 성당 출구를 향해 막 움직이기 시작하는 순간, 전혀 뜻밖의 장면이 연출되었습니다. 리스본 대성당 안을 가득 채우고 있던 조문객들이 마치 약속이라도 한 듯, 아말리아 로드리게스의 관을 향해 박수를 치는 것이었습니다. 매우 절제된, 그러나 깊고도 깊은 감동이 밴 박수소리였습니다. 운구위원들이 대성당의 기나긴 복도를 천천히 걸어 나가기까지 꽤 긴 시간이 걸렸지만 박수소리는 전혀 멈칫거림 없이 지속되었습니다.

운구행렬이 출입문에 이르자, 텔레비전 화면은 대성당 밖에서 기다리던 카메라를 통해 바깥 광경을 비추어 주었습니다. 대성당 앞 광장은 아말리아를 추모하는 리스본 시민들로 인산인해를 이루고 있었습니다. 대성당 문이 열리고 운구위원의 어깨에 메인 아말리아의 관이 성당 밖으로 모습을 드러내자, 광장을 메우고 있던 시민들 역시 관을 향해 일제히 박수를 쳤습니다. 광장 한가운데 대기하고 있던 장의차로 옮겨진 아말리아의 관은, 포르투갈 전통복장을 한 기마병의 호위 속에 장지를 향한 행진을 시작했습니다. 대성당 전면에 일자로 뻗어 있는 대로 양쪽에 끝도 없이 줄지어 서 있던 리스본 시민들 또한, 아말리아의 장의차가 자신들 앞을 지날 때 어김없이 박수를 쳤습니다.

목사는 집례자의 입장에서나 조문객의 입장에서 많은 장례식에 참여하게 마련입니다. 저 역시 마찬가지입니다. 특히 저는 세계적으로 널리 알려진 유명인사의 장례식일 경우, 가능한 한 텔레비전이나 비디오를 통해 시청하곤 합니다. 장례식에는 산 사람을 위한 숱한 교훈이 배어 있기 때문입니다. 그러나 장례식에서 죽은 자의 관을 향해 박수쳐 주는 것은, 그 이전에는 어디에서도 본 적이 없었습니다. 그날 아말리아의 장례식이 처음이었습니다. 저는 평소 알고 지내던, 제네바에서 피자집을 경영하는 포르투갈인에게 그날 텔레비전을 통해 본 광경과 관련하여, 포르투갈에는 장례식장에서 죽은 자에게 박수쳐 주는 관습이 있는지 물어보았습니다. 역시 아말리아의 장례식 실황을 텔레비전 생중계로 시청했던 그의 대답인즉, 포르투갈에 그런 관습이 있어서가 아니라 포르투갈 국민이 워낙 아말리아를 사랑했기에, '파두'에 자신의 전 생애를 바쳤던 그녀의 일생을 너무나도 소중히 여겼기에, 아무 약속도 없었지만 이심전심으로 그녀의 마지막 장도(壯途)를 박수로 보냈다는 것이었습니다.

가톨릭 국가의 국민인 아말리아가 얼마나 신실한 가톨릭 신자였는지는 알 수 없지만, 그녀의 장례식은 제게 신앙적으로 깊은 감동을 안겨 주었습니다. 우리가 이 땅에서 하나님을 비전으로 삼고 진리를 위해 우리의 생을 던져 살다가 우리의 호흡이 멈추는 날, 영원한 하나님의 나라로 입성하는 우리를 이 세상 사람들이 진심을 다해 박수로 환송해 주는 것보다 더 아름다운 신앙적 승리가 어디 있겠습니까?

저는 그날 밤, 서울에 있는 제 아들들에게 다음과 같은 글을 보냈습니다.

"사랑하는 아들들아, 아빠와 엄마는 하나님께서 맡기신 삶의 몫을 위해 앞으로도 최선을 다할 거야. 아빠와 엄마가 이 세상을 떠나 천국으로 향하는 날, 너희들이 아빠와 엄마의 삶에 긍지를 느끼고 박수로 환송할 수 있도록 말이야. 너희들 역시 주어진 일에 언제나 최선을 다하려무나. 너희들의 마지막 날, 너희들의 자식들도 너희들을 박수로 환송할 수 있게끔 말이다."

사랑하는 형제자매 여러분!

비전이 없으면 방자해집니다. 망상을 좇으면 패가망신합니다. 야망의 노예가 되면 자신과 타인을 동시에 해치는 흉기가 됩니다. 우리는 반드시 비전의 사람이 되어야 합니다. 오직 하나님을 비전으로 삼으십시오. 자신에게 주어진 삶의 현장에서 그분을 비전으로 삼아, 지금 자신의 눈앞에 있는 자에게 섬김과 봉사를 다하는 진정한 크리스천, 참된 목사가 되십시오. 그때 우리의 생이 다하는 날, 이 땅에 남아 있는 자들이 우리의 마지막 장도를 박수로 환송해 줄 것입니다. 아니 그 순간, 하늘나라로 입성하는 우리를, 우리의 아버지이신 하나님께서 당신의 박수로 친히 맞아 주실 것입니다.

하나님, 하나님을 비전으로 삼기 원합니다. 요셉처럼, 바울처럼, 오직 하나님만을 비전으로 삼기를 결단합니다. 그 어느 때보다 오늘의 한국 교회는 나가오 목사님과 같은 목사를 원하고, 또 필요로 하고 있습니다. 우리 한 사람 한 사람이 이 시대의 나가오가 되게 하여 주옵소서.

현재 주어진 삶의 현장의 중요성을 잊지 말게 하옵소서. 오늘은 내일을 위한 예비이기에 오늘의 절대적 의미를 알게 하옵소서. 날마다 자신의 세계를 확장하기에 게으름이 없게 하옵소서. 뜨거운 심령을 지닌 이성적인 신앙인이 되게 하옵소서. 자기 헌신의 결과를 보고픈 어떤 형태의 유혹에서도 자유하게 하옵소서. 그리하여 언제 어디서나 진정한 섬김과 봉사의 나가오로 살아가게 하옵소서.

그리고 그날이 오면, 사람들의 박수 속에서 이 땅을 떠나게 하옵시고, 하나님의 박수를 받으며 하나님의 나라에 입성케 하옵소서.

그 계기가 오늘 이 시간부터 시작되게 해 주옵소서. 예수님의 이름으로 기도드립니다. 아멘.

부록
저자와의 대화

학우들이 질문함에 넣어 주셨던 용지들 중에서 골라 목사님께 질문드리겠습니다. 자취생 이재철 목사님께 드리는 질문인데요, (현재 제네바에서) 혼자 자취를 하신다는데 가장 큰 어려움은 무엇인가요?

혼자 산다는 것 자체가 쉽지 않죠. 그러나 혼자 살면서 배우는 것도 많습니다. 어려움은 두 가지를 말씀드릴 수 있는데요, 첫째는 대화 상대가 없음으로 인한 언어구사능력의 퇴보입니다. 제가 서울에서 목회할 때는, 토요일 아침 10시에 주일설교 원고 작업을 시작하면 보통 밤 10시면 끝이 났습니다. 평균 12시간 정도 소요된 셈입니다. 최악의 경우에도 열서너 시간을 넘긴 적이 없습니다. 그런데 제네바에 간 뒤 아침 10시에 시작된 설교 준비가 이튿날 새벽 1시나 되어 끝나더니, 얼마 지나지 않아 2시, 3시, 4시까지 마구 연장되어 갔어요. 최고 18시간까지 걸린 거죠. 처음에는 그 이유를 몰랐습니다. 몇 달 지난 다음에야, 혼자 사는 제게 대화 상대가 없어 언어구사능력이 퇴보하기 때문임을 알았습니다. 그러니까 필요한 언어를 동원하는 순발력이 떨어진 겁니다. 그 사실을 깨닫고 난 다음, 1년 6개월이 지난 지금 그 문제는 극복이 되었습니다. 이제 대화 상대가 없어도 제 속에서 한국말이 퇴보하지 않고 살아 있을 수 있게 된 겁니다.

또 다른 어려움은, 불현듯 가족이 보고 싶은 것입니다. 그런 밤에는 잠을 자지 못합니다. 저는 눕기만 하면 그냥 잠이 드는 편인데, 가족이 사무칠 때는 꼬박 밤을 지새우게 됩니다. 그런 경우가 예기치 않게 불쑥불쑥 찾아오는데, 그건 아직 극복이 안 돼요. 그것이 현재 남아 있는 제일 큰 어려움입니다.

목사님 글을 봐서는, 파자마를 입고 앞치마를 두른 채 밥을 하시는 목사님의 모습이 상상이 가지 않습니다.

상상이 안 가죠. 파자마를 입거나 앞치마를 두르고는 밥을 한 적이 없으니까요.

두 번째 질문입니다. 학생들 중에는 학교에서 배운 신학이론과 교회 현장에서 부딪쳐야 하는 마찰이나 관계로 인한 갖가지 상처들 때문에 신학을 선택한 것을 후회하기도 하는데요, 목사님께서는 뒤늦게 신학공부를 시작하면서 후회하신 적은 없었습니까?

저는 30대 중반이 될 때까지 인생을 허비하면서 살았습니다. 그러던 어느 날 성령님께서 저를 만져 주셨습니다. 그때 저는 신학교로 제 인생의 길을 바꾸지 않으면 또다시 인생을 허비하고 말 것이라는 생각을 하게 되었습니다. 신학을 제가 했다기보다는, 하나님께서 저의 약한 의지를 그런 식으로 붙들어 주신 것입니다. 따라서 신학교로 진로를 바꾼 것에 대해 후회는 한 번도 없었고, 오히려 하나님께서 불러 주셔서 의미 있는 삶을 살게 된 것에 대해 지금도 눈물겹도록 감사드리고 있습니다.

단지 제가 나이 들어 신학을 하면서, 그동안 익혔던 신앙과는 다른 신학을 접하면서 갈등하던 때가 잠시 있었습니다. 이를테면 제가 신대원에 입학한 게 1985년이었는데, 그때는 해마다 5월이면 광주항쟁 기념식이 열렸습니다. 그런데 우리 학교 신학생들 역시 데모를 하며 화염병을 던지더군요. 들고 있는 플래카드의 구호 또한 일반 대학의 구호와 다르지 않았습니다. 첫해에는 학생회가 초청한 외부강사가 학교마당에 운집한 시위대에게 선포하는 설교를 들었습니다. 설교요지는 화염병 투척을 정당화하는 내용이었습니다. 모세가 이스라엘 백성을 해방시키기 위해 이집트에 갔을 때 내렸던 메뚜기재앙, 이와 파리재앙 등이 다 무엇이 겠느냐, 모세가 이스라엘 백성들로 하여금 메뚜기와 파리를 잡아오게 해서 파라오의 왕궁으로 던진 것 아니겠느냐, 그때의 메뚜기가 오늘날은 화염병이니까 신학생 여러분도 갈등 없이 던지라는 것이었습니다.

그분의 권유와는 달리 과연 그런 분위기 속에서 계속 신학교를 다닐 가치가 있는지, 저는 잠시 심각하게 갈등해야만 했습니다. 그러나 그 갈등은 얼마 후 저절로 해소되었습니다. 이건 문제가 안 될 수도 있다, 사람마다 다른 생각을 할 수 있으므로 결국은

나 자신이 나와 다른 생각을 어떻게 받아들여 내 속에서 어떻게 통합시키느냐가 중요하다, 이렇게 깨달은 것이 첫째 이유였습니다. 둘째는, 만약 내가 하나님 앞에서 목사로 살아가기를 원한다면 아웃사이더가 되어서는 안 되지 않겠는가, 인사이더로 있어야 하지 않겠는가 하는 생각에서였습니다. 마르틴 루터가 가톨릭 신부였기에 종교개혁이 가능했지, 만약 루터가 장 칼뱅처럼 신부가 아니었던들 과연 루터에 의해 종교개혁의 물꼬가 트일 수 있었겠는가? 하나님께서 그를 종교개혁의 첫 번째 주자로 사용하신 것은 그가 현직 신부였기 때문이 아니겠는가? 이런 생각들로 인해 그 갈등은 제 속에서 통합되고 극복되었습니다.

이런 의미에서 보수적 신앙 풍토 속에서 자라난 저로서는 전혀 다른 신학이론이나 주장을 많이 접할 수 있었던 것이 굉장히 유익했고, 그래서 그런 기회가 있었음을 오히려 감사드리고 있습니다. 목회란 나와 다른 사람과도 더불어 살 수 있는 힘이기 때문입니다. 결국 이것은, 목회를 어떻게 이해하고 받아들이느냐는, 우리 개개인의 문제라고 생각합니다.

세 번째 질문입니다. 목사님 개인의 영성에 대한 질문인데요, 기도와 말씀에 대한 훈련을 신학교 시절에 다져 나가는 생활을 하라는 말씀을 해 주셨는데, 실제적으로 목사님께서는 하루에 기도를 얼마나 하고 계십니까? 말씀은 얼마나 보시는지 구체적으로 말씀해 주십시오. 어떤 학우가 참 알고 싶은 모양입니다.

신대원 시절에 대해서는 이미 말씀을 드렸습니다. 하루에 잠을 많이 자면 네 시간, 적게 자면 세 시간 잤습니다. 그리고 매해 성경 4독을 목표로 매일 20페이지씩 성경을 읽었습니다. 기도의 습관을 체질화하기 위해 아침저녁 합쳐 하루 평균 1시간씩 기도했습니다. 주님의교회를 목회할 때에는 새벽기도회를 인도하고 1시간 기도한 다음, 집으로 가지 않고 곧장 교회 사무실에서 성경을 읽고 묵상하다가 9시가 되면 일상 업무를 시작하고, 뭐 그렇게 했습니다.

현재 제가 살고 있는 제네바의 아파트는 전형적인 스위스 사람들의 거주지입니다. 전형적인 스위스인들은 밤이 되면 일체 소리를 내지 않습니다. 시끄럽게 하면 고발합니다. 그래서 제가 사는 아파트는 밤 여덟 시 반이면 수도원이 됩니다. 발걸음마저 소리를 내기가 민망할 정도로 적막합니다. 그러니까 지금은 가족과 떨어져 수도원 같은 집에서 하루 종일 주님과 교제하며 살 수밖에 없는 형편이기에, 특별한 영성훈련의 기간인 셈이지요.

독서생활에 대해 구체적으로 조언해 달라는 요청이 있습니다. 어떤 목사님은 한 달에 읽는 책이 50여 권 된다고 합니다. 다독이 좋은지, 깊고 정확하게 정독을 하는 것이 좋은지 알고 싶습니다.

일단은 다독의 배경이 있어야 되겠지요. 다독의 배경이 있어야 정독의 의미가 자기 속에 살아남지 않겠습니까? 제가 중학교 3학년이 되던 해 2월, 그러니까 봄방학 중에 아버님께서 소천하셨습니다. 저는 제 아버님께서 소천하시리라고는 상상도 못 했습니다. 아버님의 소천 자체가 제게는 엄청나게 큰 충격이었지요. 장례식이 끝난 뒤, 아버님의 유일한 아들로서 아버님의 서재에 가득 꽂혀 있는 책들을 다 읽어 드리는 것이 아버님에 대한 예의라는 이상한 생각이 들었습니다. 그래서 중학교 3학년 초부터 고등학교 3학년 말까지 4년 동안, 학업보다는 아버님의 책들을 읽는 데 전념했습니다. 그때 제가 뭘 제대로 이해했겠습니까? 그런데도 아버님 서가에 있던 세계문학전집이나 삼국지는 물론, 철학서적과 법서까지 하여튼 읽었습니다. 지금은 그 내용이 기억나지도 않지만, 그때 읽은 것들이 제 속에 자양분으로 농축되어 있다고 생각합니다. 그런 과정이 있었던 덕분에 지금도 힘들이지 않고 쉽게 책을 읽을 수 있습니다.

현재 합정동 제 서재에 장서가 몇 권인지 정확히는 모르겠습니다만, 아마 한 3,000에서 4,000권은 될 텐데 반 정도는 읽은 것 같습니다. 주님의교회 목회를 시작하고서부터는, 책읽기와 신문 읽기의 우선순위를 신문에 두었습니다. 그래서 많게는 열두 개의 신문을 구독했습니다. 오늘 우리 사회의 인간은 무엇을 생각하고 있는지, 이 시대의 정치인들은 무엇을 지향하고 있는지, 경제인들은 어떤 가치관을 지니고 있는지를 구체적으로 알지 못한 채 교인에게 설교할 수 없다는 판단에서였지요. 그래서 신문에 우선순위를 두고, 그다음에 필요한 책들을 읽었지요.

지금 제네바에서는 프랑스어신문과 영어신문 하나씩을 정독하고, 이코노미스트 영자판과 프랑스어로 발간되는 기독교 잡지를 구독하고 있습니다. 그리고 서울에서 제 처가 한 달에 한 권씩 보내 주는 책을 읽고 있습니다. 신학생 시절엔 특히 논조가 다른 여러 가지 신문을 다양하게 읽는 것이 중요하다고 생각합니다.

이번 목사님의 집회에 참석한 저희들은, 목사님께서 설교 원고를 거의 보지 않고 회중들만 바라보시며 설교하시는 모습에 많은 도전과 함께 이상한 절망을 느꼈습니다. 목사님은 설교 준비를 어떻게 하시고, 설교 원고를 어떻게 소화해 내시는지요.

설교자가 원고 대신 회중의 얼굴을 보고 설교하는 것은 설교자의 예의라고 생각했습니다. 그것이 정장복 교수님으로부터 배운 바이기도 하고요. 그래서 설교 원고가 완성되고 나면 반드시 외우죠. 서울에서 주님의교회를 목회할 때에는 토요일 밤 10시경에 설교 준비를 마치면 샤워한 뒤 곧장 잠자리에 들었습니다. 그리고 주일 새벽 4시 30분에 일어나 1부 예배 시간인 7시 30분에 맞추어 교회로 출발할 때까지 원고를 외웠습니다.

여러분이 제일 궁금해하는 것이, 그 긴 설교 내용을 어떻게 외우느냐는 것이지요? 저는 예전에 속독을 배운 적이 있습니다. 한 달 동안 속독 훈련을 매일 1시간씩 받았는데, 속독이 어느 정도까지는 가능하지만 그러나 선전만큼은 아니었습니다. 그 대신 속독 훈련을 받으면서 터득한 것이 있었습니다. 제가 지금 사회자인 전도사님을 보고 있지 않습니까? 하지만 오늘 밤 제가 집에 돌아가서 전도사님을 생각하면, 전도사님의 코가 큰지 작은지 눈은 정확하게 어떻게 생겼는지 전혀 기억지 못할 것입니다. 그러나 이다음 언젠가 길에서 마주치면 그 순간 저는 전도사님을 곧 알아볼 겁니다. 이상하지 않습니까? 전도사님의 이목구비를 정확하게 기억하지도 못하면서 만나면 그냥 알아보게 되는 것이 말입니다. 그것은 지금 제가 전도사님을 보고 있는 이 순간, 정확하지는 않을지라도 전도사님 전체 얼굴의 필름 한 장이 제 뇌리 속에 팍 찍히기 때문이에요. 이것이 속독의 원리입니다. 속독은 책장을 계속 넘기면서 각 페이지의 필름을 찍는 작업인지라 속독 중에는 그 내용이 무엇인지 알 수 없습니다. 그러나 책을 덮고 눈을 감으면 머릿속에 찍혀 있는 필름이 한 장씩 탁탁 넘어가는 거예요. 그러면 아, 대충 이런 내용이구나 하고 그 책을 파악하게 됩니다.

이와 같은 속독의 원리를 통해 저는, 무엇이든 암기할 때에는 필름의 수가 적을수록 쉽게 외울 수 있다는 사실을 터득하게 되었습니다. 가령 제가 주일설교 원고를 컴퓨터로 작업하여 A4용지 여섯 장 분량이 되었다고 합시다. 그 원고를 외우려면 제 머릿속에 A4용지 여섯 장에 해당하는 여섯 장의 필름이 찍혀야 합니다. 그러나 똑같은 내용을 아주 작은 글씨로 이와 같은 가로 19.5, 세로 12.5센티미터의 독서 카드에 옮기면 앞 뒤 한 장이면 족합니다. 손으로 직접 쓸 수도 있고, 컴퓨터의 가장 작은 활자를 이용할 수도 있겠지요. 여하튼 설교의 전 내용을 독서카드 앞 뒤에 모두 넣으면, 그 내용을 외우는 데 필요한 필름은 단 두 장이면 족합니다. 필름 여섯 장을 외우는 데 드는 노력이 10이라면, 필름 두 장일 때의 노력은 그 3분의 1이 아니라 그보다 훨씬 더 줄어듭니다. 이런 과정을 거쳐 강단에 서면 두 장의 필름에 찍힌 내용이 이어져 나오게 됩니다. 물론 여기에는 훈련이 필요합니다. 오늘 저녁처럼 두 시간에 걸친 설교를 하기 위해서는 하루 종일 틈이 나는 대로 필름을 찍고, 또 찍힌 필름 인화해 보기를 되풀이하는 것이지요.

하나님께서는 우리에게 큰 능력들을 주셨습니다. 제 나이에도 가능하다면, 여러분이 애쓸 경우 왜 안 되겠어요? 오늘 제가 아주 중요한 노하우를, 로열티도 안 받고 공개해 드렸습니다.

기도, 말씀 그리고 독서를 바탕으로 한 설교를 하는 데 중요한 게 건강 아니겠습니까? 목사님께서는 건강 관리를 어떻게 하십니까?

서울에서 주님의교회를 목회할 때는 40대였기에 지금보다 젊었습니다. 그래서 특별히 건강에 신경을 쓴 적이 없었습니다. 아니, 건강에 신경 쓸 시간이 전혀 없었습니다. 그런데도 하나님께서 은혜를 베풀어 주셔서 모든 일을 용케도 잘 감당할 수 있었습니다.

스위스에서는 세 시간 볼링 치는 비용보다 하루 종일 스키 타는 게 더 쌉니다. 제네바와 붙어 있는 프랑스에서는 더 저렴하여 프랑스 돈으로 80프랑, 우리 돈으로 만 오천 원 정도면 하루 종일 스키를 탈 수 있습니다. 그래서 제네바 한인교회 교인들과 일주일에 한 번씩 프랑스에서 스키를 타거나 등산을 합니다. 제가 현재 제네바에서 살고 있는 아파트 앞에는 강이 있고, 강 주변에 산책길이 있습니다. 한 번 도는 데 한 시간 정도 걸려요. 그래서 주중에는 산책도 하곤 합니다. 여하튼 목회자에게는 건강이 중요합니다. 여러분도 각자 자기 건강을 지키는 자기 나름대로의 방법이 있어야 되겠죠.

총각 전도사입니다. 목사님의 결혼관에 대해 알고 싶습니다. 사모님과 구체적으

로 어떻게 만나셨는지요.

질문이 두 개죠? 먼저 결혼관에 대해 말씀드리겠습니다. 하나님
께서는 당신의 형상을 따라 사람을 지으셨습니다. 그런데 당신
의 형상을 따라 남자나 여자만 지으신 것이 아니라, 남자와 여자
를 함께 지으셨죠. 따라서 남자 홀로는 하나님의 형상을 회복하
기 불가능하겠죠. 물론 여자도 마찬가지입니다. 반드시 남자와
여자의 결합을 통해서만 하나님의 온전한 형상이 우리 삶 속에
회복될 수 있습니다. 그래서 저는 결혼을 우리 삶 속에 하나님의
형상을 완성시켜 가는 과정으로 이해하고, 또 결혼식주례도 그
런 관점으로 했습니다.

이번에는 제 처를 어떻게 만났느냐는 질문에 대한 답변입니다.
저는 제 처를 만나기 전, 쉰 번도 넘게 선을 보았습니다. 하루에
두 번이나 선을 본 적도 있었지요. 그래도 제 짝을 만날 수 없었
는데, 하루는 큰누님께서 음악회에 가라며 한 처녀를 소개해 주
셨죠. 그동안 선을 보거나 제가 알고 있던 여인들과는 달리, 저
하고는 격이 전혀 어울리지 않는 청순한 처녀였습니다. 당시의
저는 극도로 타락한 사람이었죠. 그녀와 몇 번 만난 이후 큰누님
으로부터 결혼 이야기가 나왔을 때, 저는 그 여인에게 저 같은
남자와 결혼해서는 안 되는 까닭을 진심으로 이야기해 주었습니
다. 청순하게 살아온 그녀의 삶이 훌륭한 남자를 만나 그대로 아
름답게 지속되기를 바라는 마음에서였는데, 신비스럽게도 그 순
간 성령님께서 역사하셔서 그녀가 제 처가 되기로 결심하였습니
다. 그래서 1983년 10월 29일 처음 만난 우리는 그해 12월 3일

에 약혼하고 그해 12월 20일에 결혼, 그동안 하나님께서 주신 아들 네 명과 더불어 행복하게 살고 있습니다.

좀 무거운 질문을 드리겠습니다. 옛날 몸담고 계셨던 주님의교회가 건물 없는 교회였는데요, 목사님께서 말씀하신 포터블 템플(portable temple)에 대해서 알고 싶습니다. 또 이 포터블 템플과 김교신 선생과 함석헌의 무교회주의와의 차이가 뭔지 이야기해 주십시오.

성경은 분명히 교회를 사람으로 정의하고 있습니다. 고린도전서 1장 1절과 2절 역시 하나님의 교회를, '그리스도 예수 안에서 거룩하여지고 성도라 부르심을 입은 자들'이라 밝히지 않습니까? 이처럼 사람이 교회임에도 그동안 마치 예배당건물이 교회인 것처럼 그릇 인식되어 왔습니다. 선교 1세기 동안은 예배당건물이 절대적으로 필요했습니다. 건물이 있어야 사람을 수용할 수 있고 또 예배도 드릴 수 있습니다. 그러나 선교 2세기에 접어든 오늘날은, 이미 말씀드린 것처럼 전국적으로 예배당건물은 오히려 과잉상태입니다. 그렇다면 이제는 건물이 아니라 사람 자체, 곧 사람들의 모임 자체가 교회요 성전임을 밝히고 또 추구하는 교회도 있어야 되지 않겠습니까? 그래서 우리가 예배당을 소유하기보다는 사람이 교회여야 하는 교회의 본질을 지키기 위해, 그리고 예배당을 소유하는 데 필요한 돈으로 주님의 사랑을 더욱 충실하게 구현하자는 정신으로 주님의교회가 있어 온 것이죠. 그 결과 우리가 예배당을 소유하지 않아도 하나님께서는 우리에게 필요한 예배 공간을 언제나 책임져 주셨지요.

김교신 선생과 함석헌 선생이 주장한 무교회주의가 교회나 예배 그 자체를 부정하는 것은 아니지 않습니까? 오히려 성경이 밝혀 주고 있는 교회와 예배의 본질에 충실하자는 것이지요. 그분들에게도 그분들만의 예배를 드리기 위한 건물이나 공간은 있지 않습니까? 김교신 선생과 함석헌 선생의 스승인 우찌무라 간조(內村鑑三) 선생의 전집을 읽어 보아도 교회 자체를 부정한 것이 결코 아닙니다. 그는 단지 성경에서 벗어난 인위적인 제도, 다시 말해 사람이 교회 되는 데에 장애가 되는 모든 그릇된 제도와 관행을 거부했던 것이죠. 여러분이 우찌무라 간조 선생의 저서들을 직접 읽어 보셨는지 모르겠지만, 그분의 그 어떤 책도 전혀 거부감을 주지 않습니다. 오히려 그분의 주장에 다 동의하게 됩니다. 그래서 저 개인적으로는 공허한 이념을 논하는 서구 신학자들보다는 우찌무라 간조 선생의 글에서 더 많은 감동과 배움을 얻은 것이 사실입니다.

목회하시면서 가장 기뻤을 때와 가장 힘이 들었을 때는 언제였습니까?

가장 기쁠 때는 두말할 것도 없이 제가 주님께 쓰임 받고 있음을 확인할 때 아니겠습니까? 제게 무슨 능력이 있는 것도 아닌데 깨어졌던 가정이 함께 성경공부를 하면서 다시 화합하고, 불의한 일과 관련된 직업을 지녔던 교인이 신앙생활 하는 중에 자신의 직업을 미련 없이 포기하자 주님께서 주님의 방법으로 그분의 삶을 책임져 주시고……. 이처럼 주님께 쓰임 받음을 목회 현장에서 확인할 때가 제일 기쁘지요.

목회 현장에서 가장 힘든 일은 두말할 것도 없이 저 자신과의 싸움이죠. 목회자로서 매순간 주님께서 요구하시는 삶을 살기 위해서 싸워야 할 대상이 저 자신 말고 누가 있겠어요? 목회자에게는 사람들과의 관계에서 어려움이 있을 수도 있고 육체적으로도 어려울 수 있지만, 그 모든 어려움은 자기 자신과의 싸움에 비하면 전혀 어려운 게 아니죠. 지금도 저 자신과 싸우는 일이 제일 어렵습니다.

개신교회 목사님들 중에서 잘못된 모습을 보이시는 분들이 종종 있습니다. 그분들을 보면서 목사의 자질 문제를 생각하지 않을 수 없는데요, 이 시대를 살아가는 목사에게 필요한 자질이 있다면 무엇이겠습니까?

하나님께서는 목사를 만드시지 않고 사람을 만드셨습니다. 그래서 목사가 되는 데에 제일 필요한 덕목은 사람됨이라고 생각합니다. 사람이 되면 좋은 목사가 될 수 있고, 사람이 되면 좋은 정치가가 될 수 있고, 사람이 되면 좋은 남편이 될 수 있습니다. 바른 사람이 되지 않고 목사가 되면 목회 현장 어디선가 반드시 문제가 터지겠지요. 성경말씀이 요구하는 바대로의 사람이 먼저 되는 것이 제일 중요하다고 생각합니다.

개신교회에서도 수도원이나 수도사가 필요할까요? 필요하다면 과거 가톨릭 전통 속에 있는 것과 같은 폐쇄적인 수도원이겠습니까, 아니면 보다 개방된 세상에 개방된 상태의 개신교적 수도원이겠습니까?

개방적이어야 하느냐 혹은 폐쇄적이어야 하느냐, 그것은 사람에 따라 생각이 다를 것이기에 별로 중요하지 않다고 생각합니다. 그러나 우리 개신교인의 신앙생활에도 깊은 영성을 추구하는 이 판적인 요소는 반드시 있어야 되지 않겠습니까? 개신교인의 신 앙생활은 열심히 찬양하고 큰 소리로 통성 기도하다가 흩어져 자신이 무슨 기도를 드렸었는지도 모르고 살면서, 이튿날이 되 면 전날과 똑같은 찬양과 기도를 되풀이하는 것이 일반적인 패 턴이지 않습니까? 이런 식으로는 영성이 깊어지지 않음을 우리 자신이 더 잘 알고 있지 않습니까? 그렇다면 수도원운동처럼 거 창한 명제는 감히 제가 언급할 처지가 아닙니다만, 겸손하게 주 님의 소리에 귀 기울이고자 하는 이판적인 요소가 어떤 형태로 든 개신교인의 신앙생활에 반드시 회복되어야 한다는 점만은 분 명히 말씀드릴 수 있습니다.

여러분이 실제로 가톨릭 신부님을 한번 사귀어 보십시오. 그분 들은 정말 여러분과 다릅니다. 기회가 있으면 불교의 스님과도 사귀어 보십시오. 진심으로 그렇게 해 보시기를 권합니다. 제게 는 신부님 친구도 있고 스님 친구도 있습니다. 신부님이나 스님 과 사귀어 보면, 진리를 좇는 구도자가 어떤 심성으로 살아가야 되는지 배울 수 있습니다. 비록 가는 길은 다를지라도 자신이 옳 다고 믿는 길을 걷는 중심만은 다 동일하지 않습니까? 신부님이 나 스님과 깊이 교제해 보면 개신교 목회자들의 영성이 얼마나 엷은지, 얼마나 수치스런 수준인지, 여러분 스스로 뼈저리게 느 끼게 될 것입니다.

앞서 말씀하셨던, 남편과 아버지로서의 역할에 대해서 여쭈어 보겠습니다. 떨어져 살고 있는 가족이 그리울 때에는 잠을 못 이룬다고 하셨는데, 이곳에 남아 있는 가족은 더할 것이라고 생각합니다. 자식은 아버지의 부재를, 사모님은 남편의 부재를 많이 느낄 텐데요, 그것을 어떻게 보완하고 계시는지요.

예, 물론 가족은 같이 사는 것이 원칙입니다. 자식은 엄마, 아빠와 함께 사는 게 더 좋지요. 그러나 제네바 한인교회의 재정 형편이 가족과 떨어져 저 혼자 가야 하는 상황이었습니다. 지금까지 제가 주님을 위해 무엇을 선택했을 때 설령 그것이 세상적인 관점으로는 손해되는 일이라 할지라도, 우리 주님께서는 반드시 주님의 방법으로 그 결과를 아름답게 책임져 주셨습니다. 그러므로 저 역시 제 아내와 자식들을 사랑하기에 항상 가족과 함께 살고 싶지만 주님의 명령에 순종하기 위해 가족과 3년간 떨어져 있어야 한다면, 제가 가족 곁에서 남편과 아빠 역할을 할 수 없는 3년 동안 주님께서 제 가족의 삶을 더욱 확실히 책임져 주시고 또 그 기간을 더 유익하게 해 주실 것이라는 믿음이 있었습니다. 지금까지 1년 반 지났습니다만 주님께서는 이번에도 저를 실망시키시지 않았습니다. 아이들이 잘 자라 주었고 아내도 잘 지내고 있습니다. 가족이 서로 말로 대화를 나누는 것도 좋지만 글로 나누는 대화는 더 깊지 않습니까? 저는 3년간 가족과 떨어져 사는 기간을, 오히려 깊은 글의 대화로써 가족과 더욱 친밀해지는 특별한 은혜의 기회로 받아들이고 있습니다.

목사님께서 주님의교회에서 10년간 목회하시면서 세금을 납부하는 등 교회 관리 영역에서 어찌 보면 사회에 참여하는 모습으로 개혁해 나가셨는데요, 주님의교회에서 어떻게 가르치셨고 교역자들에게 어떻게 말씀하셨는지 알고 싶습니다.

질문자께서도 사회참여와 개혁이란 표현을 하셨는데, 많은 분들이 저를 무슨 개혁의 기수인 것처럼 이야기하고 있습니다만 사실은 그렇지 않습니다. 저는 의도적으로 사회참여나 개혁을 시도하려고 해 본 적도 없고, 교회의 개혁 자체를 목적으로 삼은 적도 없습니다. 제가 목적으로 삼았던 것은 오직 주님의 말씀입니다. 주님의 말씀에 충실하다 보니 다른 사람들의 눈에 결과적으로 그렇게 보인 것이죠. 저는 주님의교회에서, 가이사의 것은 가이사의 것이요 하나님의 것은 하나님의 것이기에 하나님의 말씀을 존중하는 자는 응당 국법도 존중해야 함을 제 삶으로 강조하려 노력했습니다. 나라의 법을 저 자신이 무시하고서 어떻게 교인들에게 교통법규인들 지키라고 설교할 수 있겠습니까? 저는 목사이기 이전에 대한민국 국민이고, 대한민국의 헌법은 납세를 국민의 의무로 명시하고 있으므로 세금을 납부한 것이죠. 저의 이와 같은 태도를 동역자들 역시 당연하게 받아들여 주었고, 지금은 모르겠습니다만, 당시의 동역자들은 대한민국 국민으로서 납세의 의무를 다한다는 긍지를 갖고 있었습니다.

주님의교회에서 있었던 그런 가시적인 일들, 이를테면 개혁적으로 비치는 일들은 그 자체가 목적이어서가 아니라 말씀을 좇는 삶의 결과로 주어진 것들입니다. 그래서 저는 평소 개혁을 저 나름대로 이렇게 정리하고 있습니다.

'개혁은 말씀에 충실할 때 결과로 수반되는 것이다. 만약 개혁
자체를 목적으로 삼으면 그 목적을 이루기 위해 비성경적인 방
법마저 동원되게 마련이고, 그때의 개혁은 결국 또 다른 개혁의
대상이 되고 만다. 그러나 말씀에 충실하면 결과는 언제나 개혁
으로 남는다.'

목사님께서 지난 10년간 주님의교회에서 보여 주셨던 목회 모범들이 젊은 세대
에게는 굉장한 도전이 되었습니다. 그래서 존경하는 마음을 갖고 있음을
전제로 드리는 질문입니다. 목사님이 제네바로 떠나시기 전에 스님이나 가
톨릭 신부님을 모시고 세미나를 했다고 하셨는데, 어떤 목적으로 시작했으
며, 성과는 무엇이었습니까? 그리고 그것이 에큐메니컬 혹은 교회 간의 대
화에서 교회의 포용성을 보여 주는 것으로 비칠 수도 있는데, 그것에 대해
서 평가를 해 주십시오.

저는 주님의교회 교우님들을 깊이 존경합니다. 그분들은 저를
키워 주신 분들이세요. 오늘의 제가 있는 것은, 그분들이 한결같
이 저를 신뢰하고 키워 주셨기 때문입니다. 스님을 모시고 신앙
세미나를 갖는 것은 주님의교회가 아니면 안 됩니다. 아마 다른
교회라면 당장 분란이 났을 것입니다. 그러나 주님의교회 교우
님들은 스님을 모시자는 저를 신뢰해 주셨고, 결과적으로 스님
을 통해 전혀 다른 차원의 은혜를 모두 받았습니다. 그러나 그것
은 에큐메니컬 차원의 행사가 아니었습니다. 로마 가톨릭은
500년 전 개신교가 태동되기 전 우리의 뿌리였기에, 가톨릭 신
부님이나 수녀님을 통해 그들이 2천 년 동안 줄곧 생각해 온 것

이 무엇인지 우리 교인들이 듣고 알 필요가 있다고 생각했습니다. 그러나 스님을 모신 것은 다른 이유에서였습니다.

주님의교회가 모셨던 윤호진 스님은 소르본 대학에서 불교학 박사 학위를 받은 분입니다. 전 세계 불교학도들이 박사 학위를 받기 위해 프랑스 소르본 대학이나 영국 옥스퍼드 대학을 찾는 것은, 그 두 나라가 인도에서 불교 관련 주요 문헌을 다 가져갔기 때문이라고 합니다. 호진 스님은 프랑스 유학 당시 수년 동안 가톨릭 수도원을 숙소로 삼았습니다. 수도원에서 살기 위해 매일 의무적으로 미사에 참석해야 했으므로, 그분은 웬만한 신학생보다 성경을 더 많이 읽어 더 잘 알고 있습니다. 희한한 것은 그분은 성경을 읽으면 읽을수록 더욱 믿을 수 없더라는 겁니다. 그래서 그분을 모시고 왜 성경을 믿지 못하는지 그 까닭을 들었습니다. 상대적으로 우리가 주님을 믿는 것이 얼마나 큰 은혜인지 교우님들 스스로 깨닫도록 해 드리기 위함이었습니다. 우리가 하나님을 믿는 것은 하나님께서 그저 주신 선물 아닙니까? 가톨릭 수도원에서 수년 동안 살면서 밤낮 미사에 참여하고 몇 번이나 성경을 읽어도 도대체 하나님이 믿어지지 않는 사람이 있습니다. 그러나 성경을 한 번 읽지도 않고 그냥 하나님이 믿어지는 사람도 있어요. 대한민국 크리스천 중에 성경을 한 번이라도 완독하고 교회에 다니는 사람이 몇 퍼센트나 되겠습니까? 대부분은 일독도 하지 않고서 하나님을 믿게 된 사람들입니다. 그래서 스님의 이야기를 들으면서 주님의교회 교우님들은, 하나님께서 우리에게 주신 믿음이 얼마나 큰 은혜요 선물인지 깊이 깨달으며 감사를 드렸지요.

이어령 교수님을 초청하여, '나는 왜 크리스천이 아닌가?' 라는
제목의 강의를 듣기도 했습니다. 그날도 교우님들이 큰 은혜를
받았습니다. 요즈음은 모르겠습니다만, 예전엔 문학평론가가 되
려면 성경을 읽는 것이 필수 과정이었다고 합니다. 그래서 문학
평론가인 이어령 교수님 역시 성경 내용을 훤히 알고 있습니다.
특히 예수님의 산상수훈은 나름대로 주석을 할 정도입니다. 그
런데도 왜 그분이 크리스천이 아닌지를 경청했습니다. 그분의
요지인즉, 예수 믿는다는 사람들의 비성경적인 삶을 보면 도무
지 예수 믿을 마음이 내키지 않는다는 것이었습니다. 이를테면
그분이 우리의 실상을 드러내는 거울인 동시에 교사가 되어 준
셈입니다. 그해에 세 분의 강사를 모시고 신앙세미나를 가졌었
는데 세미나 후 교인들에게 설문조사를 한 결과, 이어령 교수님
의 강의가 가장 은혜로웠던 것으로 나타났습니다. 그때 이어령
교수님은 강의를 이렇게 끝맺었습니다.

"저는 심정적으로 불교 신자가 될 수는 없습니다. 부처님이 인
자하고 자비로운 얼굴을 하고 있긴 하지만 진리를 좇는 구도자
가 그렇게 살이 쪄서야 되겠습니까? 그래서 저는 진리를 위해
십자가에 매달린 깡마른 예수를 심정적으로 택할 수밖에 없습니
다. 부활하신 주님께서 마가 다락방에 나타나셨을 때 그 현장에
도마는 없었습니다. 도마는 예수님께서 부활하셨다는 제자들의
말을 믿지 않았지요. 팔일 후에 다시 제자들을 찾아오신 주님께
서는 여전히 의심하는 도마에게 부활의 증거로 고난의 자국을
보여 주셨습니다. 손바닥에 난 못 자국, 옆구리의 창 자국이 부
활의 증거였지요. 오늘날 고난의 자국을 보여 주는 교회가 있으

면 제게 소개해 주십시오, 저는 기꺼이 그 교회 교인이 되겠습니다. 오늘날 교회와 교인들은 모두 영광의 자국만 보여 줍니다. 출세의 자국만 자랑합니다. 제가 성경을 읽고 제가 이해한 예수님과는 너무나도 거리가 멉니다. 그러므로 저한테 고난의 자국을 보여 주는 교회를 소개해 주십시오."

이런 내용의 강의였기에 오히려 역설적으로 은혜가 더 컸지요. 이상하게도 주님의교회에서는 목사님을 강사로 모신 사경회는 교우님들의 호응을 얻지 못했습니다. 그러나 스님이나 비기독인, 가톨릭 신부님이나 수녀님을 통해서는 모든 교우님들이 깊은 은혜를 체험하였습니다.

마지막으로 정장복 교수님께서 목사님과 학우들에게 전하고 싶은 말씀이 있다고 합니다.

이제 이재철 목사님과 헤어질 시간입니다. 이재철 학생은 나이가 좀 들어서 신대원에 입학하였습니다. 저한테서 설교학 개론, 설교의 실제, 예배학 개론 과목을 다 들었는데, 제 눈길이 늘 이 학생에게 가고 있었습니다. 틀림없이 문제를 터뜨릴 사람이다, 이렇게 생각했습니다.

설교학적으로 볼 때에 이번 설교는 가르쳐 준 대로 다 안 했습니다. 그러함에도 불구하고 나의 눈시울을 뜨겁게 만들었습니다. 내가 근래에 좀처럼 눈물을 흘리지 않는데, 예배드리면서 눈물이 나 왈칵 달려가 끌어안고 싶은 충동을 느꼈습니다. 설교 시간에 차마 그렇게 할 수 없어서 기다리고 또 기다렸습니다. 조금

전에 저쪽 코너에 있는 한 여인을 찾아갔습니다. 그 여인에게 이 목사의 이메일 주소를 달라고 했더니, 그녀의 벌건 눈에 어찌나 눈물이 많이 고여 있던지, 그래서 자기 아내 눈에 눈물을 흘리게 하고 선생의 눈에서 눈물이 흐르게 만드는 제자는 아주 고약한 사람이다, 하고 생각했습니다. 저는 이번에, 가만히 앉아서 수십 권의 책을 읽게 되었고 메시지 자체가 몸속에서 성육신 되어 흘러 나오는 것을 보면서, 설교의 어떤 형태의 가르침을 받았든 그 어떤 형태도 설교의 내용을 이겨내지 못하고 그 앞에서 제압당하는 것을 눈으로 보면서, 스스로 많은 것을 느끼게 되었습니다. 여러분에게는 참으로 자랑스러운 선배입니다. 나에게 저런 큰 제자가 있었다는 사실에 행복감을 크게 느꼈습니다. 여러분 한 사람 한 사람 나와서 악수도 하고 포옹도 하고 싶겠지만, 여러분을 대표해서 스승과 제자 사이에 큰 포옹을 하겠습니다…….

이제 다 같이 기도합시다.

사랑의 아버지 하나님, 지금 우리는 마음속에 깊은 감격을 느끼고 있습니다. 우리의 모자람도, 우리의 죄악도, 우리의 불순종도, 하나님께서 다 덮으시고, 시시때때로 있어야 할 귀한 말씀의 은혜를 주심을 감사합니다. 이번에 남달리 주의 종의 모습을 나타내고 있는 우리 이 목사를 통해 많은 은혜를 사랑하는 성도들에게 들려주심을 감사합니다. 하나님, 하나님 앞에 칭찬받는 그의 좋은 모습이 이 후배들 마음속에 새겨지게 도와주시고, 이들 모두가 다 하나님 기뻐하시는 주의 그릇 될 수 있게 역사하여 주옵소서. 우리의 가슴속에 주님을 뜨겁게 사랑할 수 있는 귀한 기회 주신 것 감사합니다. 하나님 부름받아 나선 우리들 어디든지,

어디든지 나아갈 수 있게 도와주시고, 특별히 먼 이역 땅에서 목회하고 있는 주의 종에게 능력을 더하여 주시고, 지력을 더하여 주시고, 지혜를 더하여 주시고, 건강을 더하여 주시옵소서. 그가 조국에 돌아와 참목사의 상을 온 목사들에게 다시 심어 주는 또 하나의 몫을 감당케 하여 주시옵소서. 우리 주님 예수 그리스도의 이름으로 기도드렸습니다.

아멘.

비전의 사람

A Man of Vision

지은이 이재철
펴낸곳 주식회사 홍성사
펴낸이 정애주
국효숙 김의연 박혜란 송민규 오민택 임영주 차길환

2004. 10. 28 양장 1쇄 발행   2019. 1. 22. 양장 28쇄 발행
2020. 1. 30. 무선 1쇄 발행   2025. 2. 10 무선 6쇄 발행

등록번호 제1-499호 1977. 8. 1.
주소 (04084) 서울시 마포구 양화진4길 3
전화 02) 333-5161   팩스 02) 333-5165
홈페이지 hongsungsa.com   이메일 hsbooks@hongsungsa.com
페이스북 facebook.com/hongsungsa
양화진책방 02) 333-5161

ⓒ 이재철, 2004

ISBN 978-89-365-1409-9 (03230)